中公新書 2099

渡邉義浩著

三国志

演義から正史、そして史実へ

中央公論新社刊

はじめに

「三国志《さんごくし》」は、三世紀の中国を舞台とする。四百年続いた漢《かん》の実権を掌握した曹操《そうそう》、漢を守ろうとする劉備《りゅうび》、赤壁《せきへき》の戦いで曹操を破る主力となった孫権《そんけん》が、それぞれ基礎を創《つく》った曹《そう》魏《ぎ》・蜀漢《しょくかん》・孫呉《そんご》の三国が争いあった時代である。卑弥呼《ひみこ》の邪馬台国《やまたいこく》が記録される「魏志倭人伝《ぎしわじんでん》」を含む陳寿《ちんじゅ》の『三国志』という歴史書に記録された時代であるが、日本では、卑弥呼と「三国志」が同時代である、という説明に驚く人も多い。物語として親しんでいる「三国志」の司馬懿《しばい》の遼東遠征を機に、日本史で習う卑弥呼が使者を出していることが意外なようである。それほどまでに、「三国志」は、古典の一つとして日本で受容されてきた。

日本人が「三国志」に触れた時代は早く、『日本書紀《にほんしょき》』の編纂《へんさん》に『三国志』が参照されている。『太平記《たいへいき》』には、『三国志』からの豊富な引用が見られ、鎌倉時代には、武家政権を背景に、『三国志』が本格的に受容されたことを理解できる。

江戸時代に曲亭馬琴《きょくていばきん》が著した『南総里見八犬伝《なんそうさとみはっけんでん》』には、「諸葛亮《しょかつりょう》の『草船借箭《そうせんしゃくせん》』は、陳寿の『三国志』にも、司馬光《しばこう》の『資治通鑑《しじつがん》』にも書かれておらず、『新唐書《しんとうじょ》』の張巡《ちょうじゅん》の故事を羅貫中《らかんちゅう》が『三国志演義《えんぎ》』（以下、『演義』と略称）に採用したことが分かる」と記されている。
こうした「三国志マニア」が誕生する背景には、元禄《げんろく》二〜五（一六八九〜九二）年に、満州《まんしゅう》語《ご》に次ぐ世界二番目の『演義』の完訳として刊行された、湖南文山《こなんのぶんざん》『通俗《つうぞく》三国志』の普及がある。これに葛飾戴斗《かつしかたいと》二世の挿絵を加え、天保《てんぽう》七（一八三六）年から刊行された『絵本通俗三国志』は、『通俗三国志』の普及に大きく貢献した。こうして、『演義』の正統観に基づき、正義でありながら滅んでいく蜀漢に判官贔屓《ほうがんびいき》をしながら「三国志」を読んでいく、という日本における「三国志」受容の基本型が成立したのである。

明治になると、天皇制の擁護を目的として、主君劉備に忠義を尽くした諸葛亮の姿が教科書に掲げられた。「出師表《すいしのひょう》」を読んで泣かないものは忠臣ではない、とされたのである。そうした中で、土井晩翠《つちいばんすい》が詠んだ「星落秋風五丈原《ほしおつしゅうふうごじょうげん》」は、諸葛亮の一生を悲壮美で描き出す叙事詩で、「忠義」に凝り固まった他の諸葛亮像と一線を画するものであった。

昭和に入ると、今も読み継がれている吉川英治《よしかわえいじ》の『三国志』の連載が始まる。第二次世界大戦中に執筆された歴史小説でありながら、吉川『三国志』は、忠君思想一色ではない。序文に、「三国志は曹操に始まって孔明《こうめい》に終る二大英雄の成敗争奪の跡を叙したもの」（孔明は諸葛亮の字《あざな》）という自らの「三国志」への捉《とら》え方を吐露しているように、吉川は、曹操のスケールの大きな人間像と、諸葛亮の抜群の才智と忠誠心を描き出した。曹操と諸葛亮を中心に三国を見る、日本人の「三国志」像は、ここに決定づけられたのである。

戦後の日本では、何回か「三国志」ブームがあった。横山光輝《よこやまみつてる》の漫画、NHKの人形劇「三国志」、コーエーのゲームなど、「三国志」を扱ったエンターテインメントの流行が、その背景にあった。赤壁の戦いから一八〇〇年目にあたる二〇〇八年に公開された映画「レッドクリフ」は、記憶に新しい。そのいずれの「三国志」も、基本としているものは『演義』であり、三国時代の史実とは大きく異なる。先の見えない今日を生きるわれわれの規範として、乱世に挑んだ三国時代の人々の真実の姿を『演義』の虚像に求めることはできまい。

しかし、陳寿の『三国志』を読めば、三国時代の史実を理解できるわけでもない。陳寿の『三国志』は正史と呼ばれるが、正史はしばしば誤解されるように、「正しい歴史」を記録したものではなく、史書を編纂した国家にとって「正統な歴史」を描いたものだからである。

曹魏を滅ぼして建国された西晉《せいしん》（二六五～三一六年）の史官であった陳寿は、曹魏から西晉への革命が正統であることを示すため、三国の中で曹魏を正統とし、蜀漢・孫呉を曹魏の臣下として扱う必要があった。また、西晉を建国する司馬《しば》氏に対して、曹魏を守るために戦った諸葛誕《しょかつたん》や毌丘倹《かんきゅうけん》を、曹魏の臣下でありながら、忠臣として記述しない。陳寿が著したものは、曹魏の正史ではあるが、あくまで西晉の正史であるために、曹魏に忠誠を尽くして西晉と戦った者は、悪く書かれるのである。

また、旧蜀臣であった陳寿は、蜀という地域とその歴史を愛していた。旧敵国である、もと蜀漢の臣下たちは、西晉において不遇であった。陳寿は、蜀漢を代表する宰相《さいしょう》として諸葛亮の忠義を強調し、諸葛亮と劉備との関係を関羽《かんう》・張飛《ちょうひ》とのそれ以上に密接に描こうとした。さらに、自らが学んだ「蜀学《しょくがく》」（蜀という地域に伝統的に発達した、予言を重視する儒教《じゅきょう》）に伝わる予言を尊重し、その正しさを証明する記述を『三国志』の中に忍ばせている。『演義』に虚構が含まれるように、『三国志』の記述にも、陳寿が生きた西晉という国家のための、そして著者である陳寿の考えに基づく偏向が存在するのである。

本書は、日本における「三国志」の受容が『演義』を主体とすることに合わせて、『三国志』から『三国志演義』へ、という成立順ではなく、あえて、『演義』から正史への流れを記述し、さらに、それぞれの虚像を超えた史実としての三国時代の姿を明らかにしていく。それでは、『演義』の虚構と『三国志』の偏向を超えて、史実としての「三国志」に迫っていくことにしよう。

三国志

目次

はじめに　i

第一章　演義と正史　それぞれの限界……3
1　「三絶」曹操・関羽・諸葛亮　4
2　『三国志演義』の虚構　12
3　蜀漢正統論　21
4　『三国志』の偏向　29

第二章　二袁の真実　「漢」の重みと簒奪……37
1　黄巾の乱　38
2　暴君董卓　46
3　袁術の僭称　54
4　袁紹の限界　65

第三章　「姦絶」曹操　変革者の実像……73

1 時代を切り開く 74
2 三つの基盤 82
3 赤壁の戦い 88
4 文学による対抗 95

第四章 悲劇の国、孫呉 道化とされた男たち……101
1 孫氏三代 102
2 美周郎 109
3 魯粛の天下三分の計 116
4 陸氏の無念 124

第五章 「義絶」関羽 神となった英雄……133
1 桃園結義 134
2 漢に降るも曹に降らず 140

3　義もて曹操を釈つ　148
4　武神から財神へ　156

第六章　「智絶」諸葛亮　劉備とのせめぎあい……163
1　三顧の礼　164
2　借東風　170
3　遺孤を託す　176
4　八卦の陣　184

第七章　分かれれば必ず合す　三国志の終焉……193
1　秋風五丈原　194
2　司馬氏の台頭　200
3　詩は志を言う　208
4　天下一に帰す　215

あとがき　226
さらに深く知りたい人のために　228

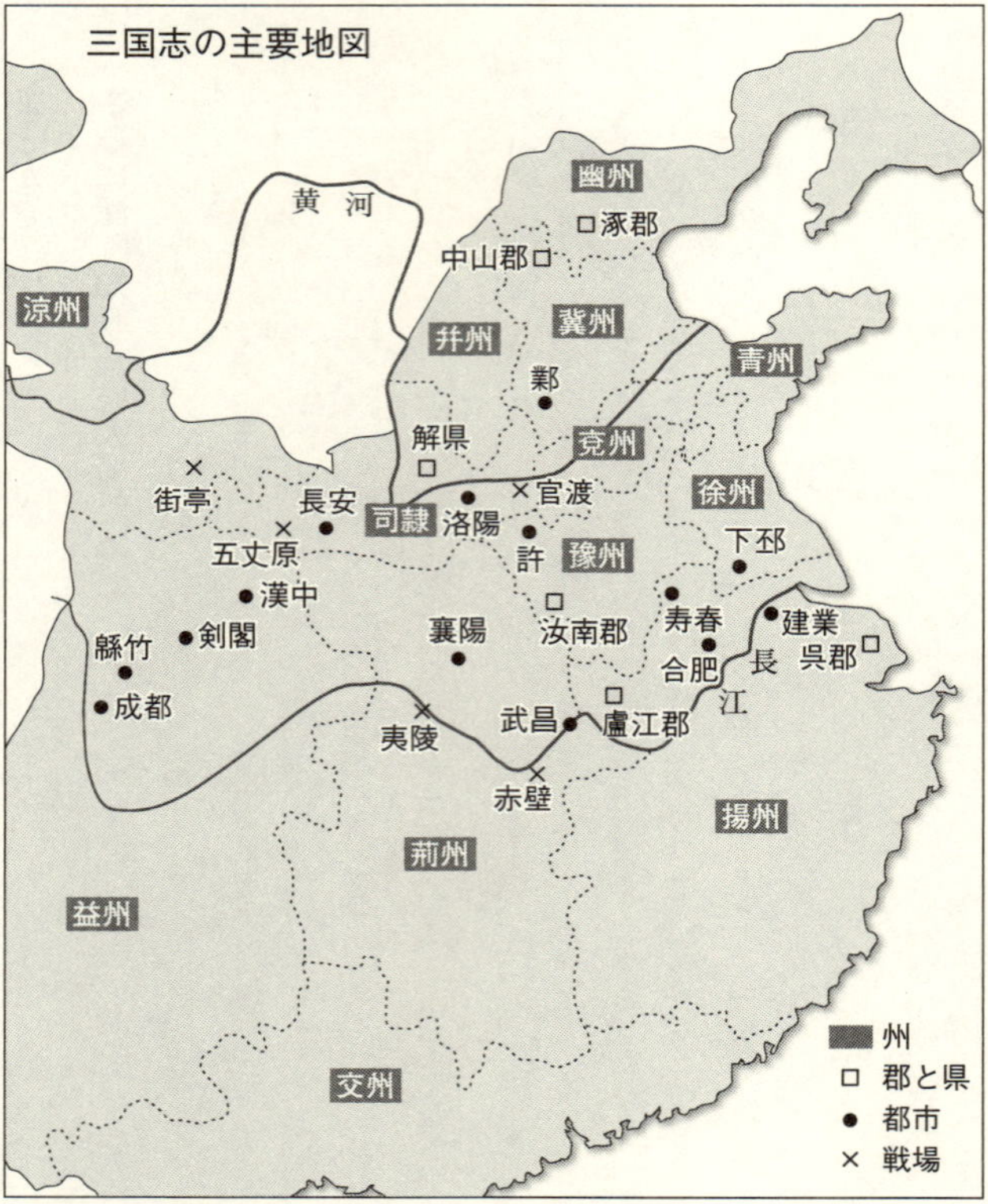
三国志の主要地図
黄 河
幽州
涿郡
中山郡
涼州
冀州
幷州
鄴
青州
解県
兗州
官渡
街亭
長安
洛陽
司隷
徐州
五丈原
許
豫州
下邳
漢中
寿春
建業
緜竹
剣閣
襄陽
汝南郡
合肥
長
呉郡
成都
武昌
盧江郡
江
夷陵
赤壁
揚州
荊州
益州
交州
州
郡と県
都市
戦場

三国志

演義から正史、そして史実へ

第一章　演義と正史　それぞれの限界

1 「三絶」曹操・関羽・諸葛亮

日中の「三国志」受容の違い

日本における「三国志」の受容に、最も大きな影響を与えた吉川英治の『三国志』は、曹操と諸葛亮という二人の英雄を中心に「三国志」を描く。これに対して、中国の決定版である毛宗崗《もうそうこう》本『三国志演義』（毛綸《もうりん》・毛宗崗父子が改訂し、評を加えた『三国志演義』。以下毛宗崗本と略称）は、「奸絶《かんぜつ》（奸のきわみ）」の曹操、「智絶《ちぜつ》（智のきわみ）」の諸葛亮に、「義絶《ぎぜつ》（義のきわみ）」の関羽を加えた三人を物語の中心に置く。日中両国における「三国志」受容の最大の違いは、関羽の扱いにある。

吉川英治の『三国志』が下敷きにしたという湖南文山の『通俗三国志』は、清《しん》代（一六三六～一九一二年）の毛宗崗本ではなく、明《みん》代（一三六八～一六四四年）の李卓吾《りたくご》本（明の著名な思想家、李卓吾に仮託した評をつけた『李卓吾先生批評三国志《りたくごせんせいひひょうさんごくし》』。以下、李卓吾本と略称）を底本《ていほん》とした翻訳である。後述するように、『演義』には多くの版本《はんぽん》があり、それぞれの版本によって内容も異なる。

関羽が関聖帝君《かんせいていくん》として、中国の津々浦々にまで祭られるようになるのは、清代に入ってからのことである。明代に成立した李卓吾本においても関羽は尊重されているが、清代の毛宗崗本は、関羽の扱いを曹操・諸葛亮と並ぶ三大主役にまで高めたのである。

もちろん、吉川英治は、毛宗崗本の完訳である久保天随《くぼてんずい》の『新訳演義三国志』（明治四十五〔一九一二〕年刊）も見ているが、それでも関羽を熱く描くことはない。全能の神として関聖帝君が信仰されていた清代初期に著された毛宗崗本と、日中戦争の最中に著された吉川『三国志』という成立時期の社会背景の違いが、そして国情の違いがそこにある。

毛宗崗本の成立は、清の康熙《こうき》五（一六六六）年以降のことである。父の毛綸の仕事を継承して、毛宗崗は『演義』の最終的な改訂を行った。かれらは、多くの版本の中から李卓吾本を底本に選び、記事や文章の誤りを正して、不合理な記事を削除し、それまでの『演義』に含まれていなかった三国の物語も必要に応じて挿入した。さらに、自らの批評を加え、物語の首尾一貫を整えて、『演義』の面目を一新したのである。その成立後もしばらくの間は、それまでの版本も流通していたが、清末には毛宗崗本が広く流布し、中国では『演義』と言えば、毛宗崗本を指すようになり、現在に至っている。

毛宗崗本の最初の巻には、金聖嘆《きんせいたん》による序、凡例《はんれい》、読三国志法《どくさんごくしのほう》（「三国志」の読み方）、目録、図録がつけられている。このうち、読三国志法には、「三国志」にどのような特徴があり、何が重要であるかに関する、毛宗崗（厳密には父毛綸の考えも含むが、本書では毛宗崗と表記する）の見解が示される。

なお、毛宗崗本では、本の校訂を行う際に、「俗本《ぞくほん》」（「演義」とも呼ぶ）を「古本《こほん》」（「三国志」とも呼ぶ）によって訂正した、とすることが多いが、「俗本」とは、李卓吾本を筆頭とする毛宗崗本以前の『演義』のすべての版本のことである。これに対して、「古本」とは、毛宗崗がこうであらねばならない、と考えるテキストのことで、実際にそういう本があったわけではない。したがって、読三国志法の「三国志」とは、陳寿の『三国志』を指すのではなく、毛宗崗本の『演義』を指す。すなわち、読三国志法とは、毛宗崗本の読み方を自らが説明した部分なのである。

読三国志法は、「三国志」の読み所として、人才の豊富さを挙げている。

古い時代の史書はたいへん多いが、人々がむさぼるように「三国志」だけを読むのは、古今の人才の多いこと三国より盛んな時代がないためである。……わたしが思うに、三国には「三奇《さんき》」（三人の抜きん出た人々）がおり、これを「三絶《さんぜつ》」と称すべきである。諸葛孔明は（賢相として）一絶である、関雲長《かんうんちょう》は（名将として）一絶である、曹操もまた一絶である。……歴代の史書を鑑《かんが》みると、奸雄《かんゆう》は踵《きびす》を接して現れているが、智により人才を総覧し、天下を欺《あざむ》き得たことで、曹操ほどの者はいない。（忠・順・寛・義があるようなふりをしながら人を欺く点において、曹操は）古今の奸雄の中で第一の「奇」人である。こうして三奇が揃《そろ》うようなことは、前後の史書には絶えてないので、あらゆる史書を読んでも、「三国志」ほど読んで喜ばしいものはないのである。（煩雑を避けるため、引用文の中略は「……」と表記する。以下同）

読三国志法は、「三国志」における三人の突出した人物を「三絶」と称する。この三人が毛宗崗本の主役である。一人は、優れた宰相としての諸葛孔明、一人は傑出した武将であり、すでに神として信仰されていた関雲長である。ここまでは、常識の範囲内と言えよう。毛宗崗本の面白さは、三絶の一人として、曹操を挙げる点にある。

ちなみに、諸葛孔明・関雲長は、姓＋字《あざな》（名の他につける呼び名）で表現されているが、曹操は、姓＋名（諱《いみな》。名は死去した後には諱と呼び、使わないことが礼）で書かれている。二人の諱を避けているのは、毛宗崗の二人への尊重を示し、諱で書いているのは、曹操を貶《おとし》めるためである。本書は今後、いちいち原文に忠実に訳さないが、たとえば、現存する版本の中で最も古い嘉靖《かせい》元（一五二二）年に刊行された『三国志通俗演義《さんごくしつうぞくえんぎ》』（以下、嘉靖本と略称）において、関羽の「千里独行《せんりどっこう》」（曹操に降服していた関羽が劉備のもとに戻る場面）の部分だけ、集中的に「関公」という呼び名が現れ、それ以外の部分は「関某」・「雲長」であることから、

「千里独行」の物語は、後から嵌《は》め込まれたと推測されている。名前の表記に拘《こだわ》って『演義』を読むことも面白い。

このように、曹操だけを奸の「絶（きわみ）」とすることは、曹操と諸葛亮をともに英雄と捉える吉川『三国志』と大きく異なる。毛宗崗本の特徴は、諸葛亮・関羽を宰相・将軍の「絶」として高く評価し、曹操を奸雄の「絶」として貶めていくことにある。この目的のために、毛宗崗本は、李卓吾本までの『演義』を大きく書き改めたのであった。

『演義』の諸版本

『演義』は、もともとは明の羅貫中《らかんちゅう》によってまとめられた。羅貫中は、元《げん》末・明初の戯曲・小説作家であるが、その経歴はほとんど不明である。知られていることは、太原《たいげん》（山西《さんせい》省太原市）の出身で、湖海散人《こかいさんじん》と号したこと程度である。

原作ができると、すぐに印刷が行われ、羅貫中の作が広く普及したわけではない。『演義』はまず、抄本《しょうほん》（写本、手書き本）という形で広まった。このころの『演義』として想定されているものが、弘治《こうち》七（一四九四）年の序を持つ抄本（①弘治本）である（図1「『三国志演義』の諸版本」を参照）。

こうした抄本をもとに、嘉靖《かせい》元（一五二二）年には、木版印刷された『演義』の刊本《かんぽん》（印

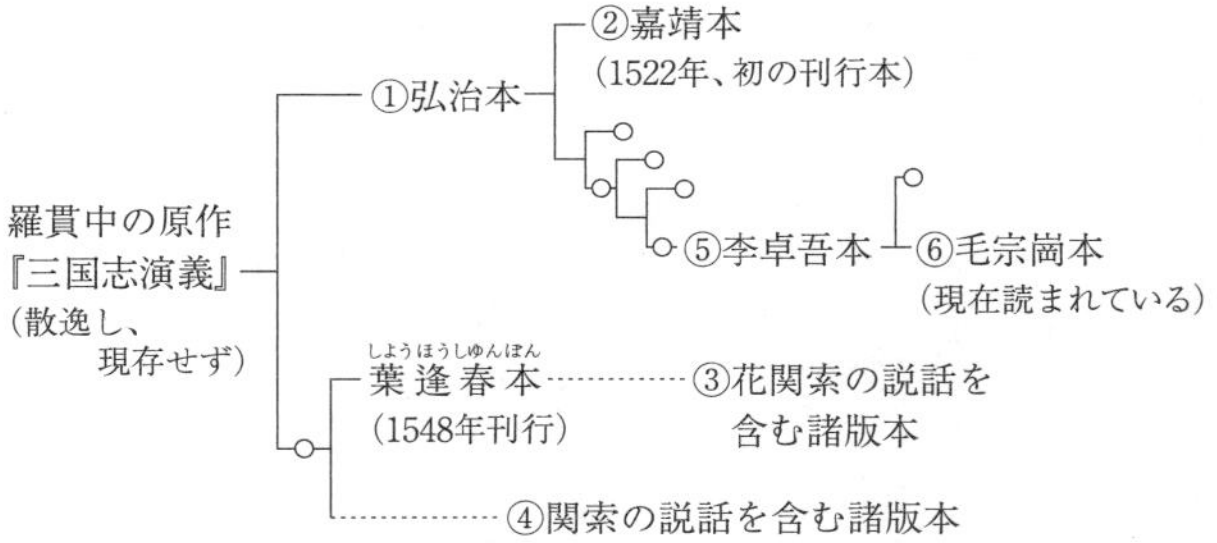

図１　『三国志演義』の諸版本

刷本）が刊行された。『三国志通俗演義』という正式名称を持つ、②嘉靖本である。嘉靖本の冒頭に附されている弘治七年の庸愚子《ようぐし》（蔣大器《しょうたいき》）による序文には、なぜ『三国志通俗演義』がまとめられたのか、その理由が次のように記されている。

そもそも史というものは、ただ歴代の事実を記載するだけでなく、古今の盛衰・君臣の善悪・政治の得失を明らかにし、人才の吉凶・国家の喜びと憂いを知り、毀誉《きよ》褒貶《ほうへん》を判断するためのものである。そこには、ただ一つ義という基準が存在する。孔子が獲麟《かくりん》（聖獣の麒麟《きりん》が捕まったことで、自らの使命を孔子が知ること）を機に『春秋《しゅんじゅう》』を著したのは、このためであり、一字の中にも褒貶の意を込め、当時の君臣の道を明らかにし、後世の鑑《かがみ》とし、善悪を記すことで、勧善懲悪《かんぜんちょうあく》を示し、前者の轍《てつ》を踏ませないようにしたのである。……（朱子《しゅし》の『資治通鑑《しじつがん》綱目《こうもく》』も、これを継承している。しかし、史書は難解で、そこに込められた義も分かりにくい。そのため史書は、次第に人々に顧みられなくなった。そこで）前代（の元の時）には、野史《やし》（民間に伝わる歴史）から「評話《ひょうわ》」（『三国志平話《さんごくしへいわ》』など）を作り、目の不自由な芸人に語らせた。しかし、その言葉は卑しく誤りが多いので、君子はこれを嫌った。そこで東原《とうげん》の羅貫中は、平陽《へいよう》の陳寿の伝（『三国志』）をもとに、諸国史を考えあわせ、漢の霊帝《れいてい》の中平《ちゅうへい》元（一八四）年から晉の太康《たいこう》元（二八〇）年までの事実を慎重に取捨選択して（描き）、『三国志通俗演義』と名付けた。その文章はさほど難しくはなく、その言葉はさほど俗ではない。事実を記して、史に近づけることを目指した。これは、読者が理解できることを願ったためである。（『三国志通俗演義』序）

序文は、歴史における『春秋』の義の重要性にも拘《かかわ》らず、それが通俗性に欠けるために、分かりにくいという問題を持つことの指摘から始まる。そのうえで、『三国志平話』などの「評話」は、誤りが多く君子が嫌ったため、陳寿の『三国志』を中心に事実を描くが、それほど難しくないものを目指し、読者への普及を願った、と記している。

ここには、『三国志通俗演義』という書名の由来がしっかりと説明されている。すなわち、『三国志』そのものは難しいので、「通俗」性を高めて普及させることにより、「義」を

「演《えん》」繹《えき》する、すなわち押し広めることを目的とするのである。その場合の「義」とは、『春秋』の義であり、それは朱子（朱熹《しゅき》）の『資治通鑑綱目』でも示されている、毀誉褒貶を判断して、勧善懲悪を行うための基準である。

このように道徳と歴史の立場から小説の社会的・通俗的効用が説かれる背景には、中国近世における識字層の拡大と儒教の浸透があった。本を読む人が増え、かれらが朱子学に基づき蜀漢の正統を支持していけば、その需要に『演義』も応えなければならない。

さらに、このころから小説が大量に印刷されるようになり、多くの版元による出版競争が始まった。その結果、様々な内容を含む『演義』が出版された。当時すでに神として信仰されていた関羽の死を描かない（『源氏物語《げんじものがたり》』で光源氏《ひかるげんじ》の死を描かないことに似ている）版本や、もともとは『演義』と無関係の英雄であった③花関索《かかんさく》の説話を含む版本や、関羽の三男とされる④関索《かんさく》（花関索が変化）の説話を含む版本も生まれていく。

『演義』の決定版となっていく⑥毛宗崗本は、②嘉靖本の流れを汲《く》む⑤李卓吾本を底本としている。前述のように、吉川英治が下敷きとした江戸時代の湖南文山の『通俗三国志』は、李卓吾本をもとに翻訳を行っており、毛宗崗本では削られた「漢寿亭侯《かんじゅていこう》」（官渡《かんと》の戦いで活躍した恩賞として、曹操から寿亭侯の印を受け取ることを拒否した関羽が、漢の字を加えると受け取った話）などの虚構を残している。それでは、『演義』の虚構は、どのように形成されていったのであろうか。

2 『三国志演義』の虚構

「三国志」物語の始まり

清代中期の史家章学誠《しょうがくせい》は、『演義』を「七分の実事《じつじ》に、三分の虚構」と評し、『演義』が虚構によって成り立つ歴史小説でありながら、多くの史実に基づいていることを見事に表現した。『演義』と合わせて「四大奇書」と括《くく》られる『水滸伝《すいこでん》』『西遊記《さいゆうき》』『金瓶梅《きんぺいばい》』がほとんど白話《はくわ》（口語）で書かれていることに対して、『演義』は文語で書かれている部分も多い。それは『三国志』『資治通鑑《しじつがん》』など史書からの引用が多いためである。

それでも、『演義』が小説である以上、虚構により創作した物語の面白さや表現の巧みさから受ける感動は、『演義』の文学性の中心に置かれる。三割と言われる虚構は、多くは蜀漢のため、なかでも「智絶」諸葛亮の智恵と、「義絶」関羽の義を表現するために用いられる。これらの虚構の形成には、「三国志」物語の長い歴史がある。

陳寿が『三国志』を著した西晉《せいしん》を継ぐ東晉《とうしん》（三一七〜四二〇年）の時代から、「三国志」物語の形成は始まる。すでに散逸した袁希之《えんきし》の『漢表伝《かんひょうでん》』には、次のような諸葛亮物語が描かれている。

夏六月、諸葛亮は兵糧が尽きて軍隊を退《ひ》き上げ、青封《せいほう》の木門《ぼくもん》に至った。張郃《ちょうこう》はこれを追撃する。諸葛亮は軍隊を留《とど》めて大木の皮を削り、そこに「張郃はこの樹の下で死ぬ」と書いた。そののち、木の両側に兵を伏せ、数千の強弩《きょうど》を持たせて張郃を討ち殺そうとした。張郃は思いどおりにその木を見る。すると、数千の弩から一斉に矢が放たれ、張郃は射殺された。（『太平御覧《たいへいぎょらん》』巻二百九十一）

諸葛亮が張郃を殺したことは『三国志』に記録されるが、このように詳細な場面はない。これは、『史記《しき》』孫臏《そんぴん》伝に見える孫臏（孫子《そんし》、戦国《せんごく》魏の人。この他に春秋呉の孫武《そんぶ》も孫子と呼ぶ。曹操が注をつけたのは孫武の『孫子』）が、削った木の下に龐涓《ほうけん》を射殺した物語の剽窃《ひょうせつ》である。「三国志」物語は、先行の物語を換骨奪胎することから始められたのである。

『演義』は、この物語を基本的に踏襲している。さらに、嘉靖本や李卓吾本など毛宗崗本以前の『演義』は、諸葛亮が孫臏に学び、張郃を射殺したことを称《たた》える詠史詩《えいしし》（歴史の情景が浮かぶように詠んだ詩）をつけ、諸葛亮の才智を評価している。

諸葛の施謀は暗《ひそ》かに孫に学び（諸葛亮の策謀は孫臏より学んだもので）
山に万弩《ばんど》を蔵すること雲屯《うんとん》に似たり（山に万弩を隠したことは雲がたむろするよう）
馬陵《ばりょう》に当日 龐涓死し（〔孫臏の策で〕馬陵に〔予告どおりの〕その日に龐涓は死に）
張郃 今朝 木門に喪《ほろ》ぶ（〔諸葛亮の策で〕張郃は今朝 木門に滅んだ）

（嘉靖本『三国志通俗演義』巻二十一）

これに対して、毛宗崗本は、この詩を削除している。「智絶」諸葛亮をよりよく描くことに拘《こだわ》りを持つ毛宗崗本は、剽窃の典拠を明らかにする必要はないと考えたのであろう。

唐代の語り物

やがて「三国志」独自の物語も創作されていく。唐代（六一八～九〇七年）に仏教寺院が、人集めのため行った語り物において、「三国志」の物語を扱った際の台本の一部が、仏教経典の中に残存している。

蜀漢には智将がいて、姓は諸葛、名を亮、字を孔明と云った。劉備が尊重する臣下で、劉備はいつも「わたしに孔明がいるのは、あたかも魚に水が必要であるようなものだ」

と言っていた。のちに劉備が曹魏を討伐する際、孔明は大将軍《たいしょうぐん》となって、軍略・作戦を見事に立てた。曹魏はただ孔明を恐れ、あえて進もうとはしなかった。孔明は病気が重くなり死の床につくと人々に言った。「主人が弱くても将軍の強いことが、曹魏の脅威であった。わたしの死後は必ず攻撃を受けよう。わたしが死んだ後は、一盛りの土を足もとに置き、鏡を置いて顔を映しておくとよい」。言葉が終わると、孔明は息絶えた。曹魏では占い師が、「孔明は土を踏んで鏡に映っている。だからまだ死んでいない」としていた。このため、劉備が兵を退き蜀に帰ってから一月あまり、あえて交戦しなかった。蜀漢が攻撃されなかったのは孔明の策のおかげであった。当時の人々はこれを、「死んだ諸葛が生きている仲達《ちゅうたつ》を走らせた」と伝えた。（『続蔵経《しょくぞうきょう》』四分律鈔批《しぶんりつしょうひ》）

この物語の基本型は、陳寿の『三国志』にある。しかし、物語にふくらみを持たせるため虚構が創られている。虚構の第一は、諸葛亮の軍事能力の強調を目的とする。このため諸葛亮は、丞相《じょうしょう》ではなく武官の大将軍に就き、劉備の存命中でも軍隊を率いるとされた。史実では、劉備の生前に諸葛亮が軍を率いたことは、蜀への救援の時以外にはない。また、諸葛亮の死後、劉備が兵を率いて蜀に戻ったとされているが、史実では、劉備はすでに崩御している。物語の単純化という技巧により、分かりやすく諸葛亮の強さを伝えているのである。

第二の虚構は、諸葛亮の神秘化にある。「死せる諸葛、生ける仲達を走らす」の諺《ことわざ》は、すでに東晉の習鑿歯《しゅうさくし》が『漢晉春秋《かんしんしゅんじゅう》』に書き記しているが、そこで司馬懿《しばい》を走らせたものは、あくまで姜維《きょうい》や楊儀《ようぎ》の軍であった。ところが、この物語では、諸葛亮が生前、土を足もとに置き、鏡に顔を映す策を講じることにより、亮の生存を説く占いの結果、追撃が不能となっている。自分の死去すら隠し通せる諸葛亮の神秘的な知謀がここに表現される。

第三は、諸葛亮の行動に精彩を添えるため、他の人物、具体的には劉備の格下げが始まっている。物語の諸葛亮は、「主人が弱くても将軍の強いことが」と述べるが、ここでの主人は劉備である。やがて劉備は、諸葛亮だけではなく関羽や張飛《ちょうひ》の活躍を強調するためにも、ただ泣いているだけの聖人君子とされていく。

説三分と『三国志平話』

宋《そう》代（九六〇～一二七九年）に入ると「説三分《せつさんぶん》」と呼ばれる三国語りの人気が絶大となり、そこでも虚構の創作が進んだ。「子どもがうるさいので、集めて座らせ三国志の話を聞かせた。劉備が敗れたと聞くと、眉をしきりとしかめ、泣く者もいる。曹操が敗れたと聞くと、喜んで快を叫ぶ」と、北宋を代表する文学者の蘇軾《そしょく》も記録している。北宋の司馬光《しばこう》が著した『資治通鑑』は、蜀漢を正統としない。それでも物語では、すでに劉備の善・曹操の悪が定まっているのである。

元代《げん》（一二七一～一三六八年）になると、語りの台本に挿絵をつけた「三国志」が流行する。元の至治《しち》年間（一三二一～一三二三年）に刊行され、日本の内閣文庫に現存する『新全相三国志平話《しんぜんそうさんごくしへいわ》』は、その一つである。「全相」とは、「全ての話に相（像）がある」という意味で、上に絵があり、それに対応した文章が下に書かれている。『三国志平話』で諸葛亮は、豆を蒔《ま》くとそれが兵となり、風を呼び雨を降らせる神仙と描かれる。これが戦いの最中に様々な道術《どうじゅつ》（道教の魔術）を使う『演義』の諸葛亮像の原型である。さらに諸葛亮は、鬼神《きしん》を使者として司馬懿に、三国の滅亡と司馬氏による天下統一を予言する。諸葛亮の神格化は、ここで頂点を迎える。

また、庶民に人気の張飛も、『三国志平話』で大活躍する。張飛の活躍に民衆が喝采を送った台本が、そのまま書き留められたからであろう。長坂橋《ちょうはんきょう》で曹操軍を一喝すると、その叫び声は雷が鳴り響くほどで、あまりの声の大きさに橋が落ちてしまい、曹操軍は恐れて三十里も退いた、という豪快な張飛像は、『演義』の成立とともに消えていく。「君子」のために羅貫中がまとめ直した『演義』は、様々な道術が繰り広げられる『水滸伝』や『西遊記』とは異なる道を選択した。毛宗崗本では、武の主役は張飛から関羽に入れ換えられている。

曹操の悪役化

蜀漢の活躍のため虚構が創られる一方で、毛宗崗本が「奸絶」とする曹操の「悪」を表現する物語の形成も進んでいた。董卓《とうたく》の暗殺に失敗した曹操は逃走中、誤って父の友人である呂伯奢《りょはくしゃ》一家を殺害した。曹魏を正統とする陳寿の『三国志』は、曹操の悪事を諱《い》んで（憚《はばか》って書かないこと）、これを記さない。曹操の悪事は、陳寿の記述が簡潔であるため、当時残存していた三国に関する史料を補った劉宋（四二〇～四七九年）の裴松之《はいしょうし》（三七二～四五一年）の注により、後世に伝わった。広く記事を集めることに努めた裴松之は、内容の異なる三種の書を引用する。時代を追うごとに、描かれる曹操像が悪化していくことが分かる。

まだ、曹魏が存在していた二五四～二五六年ごろに著されたという王沈《おうしん》の『魏書《ぎしょ》』には、

> 太祖《たいそ》（曹操）は、董卓の計画が必ず失敗に終わると判断したので、結局（董卓の）任命に応じず、郷里に逃げ帰った。数騎の供をひきつれ、旧知の間柄にある成皋《せいこう》の呂伯奢の家に立ち寄った。呂伯奢は留守で、その子どもたちは食客とぐるになって太祖を脅かし、馬と持物を奪おうとした。太祖は自ら刀を手にして数人を撃ち殺した。（『三国志』武帝紀注引『魏書』）

とある。王沈の『魏書』は、「多くその時々の権力者のために諱み、陳寿の『三国志』が実録であることに及ばない」（『晉書《しんじょ》』王沈伝）と評されている。曹魏に生きた王沈が、曹魏を正統として著した史書であるため、曹操の悪事は曲筆《きょくひつ》（事実を曲げて真実を記録しないこと）により隠蔽《いんぺい》される。『魏書』では、非はあくまでも曹操を脅かした呂伯奢の子どもたちにある。ここに曹操の「奸」は描かれない。

　これに対して、西晉の三〇〇年ごろに書かれたという郭頒《かくはん》の『魏晉世語《ぎしんせご》』には、

　太祖は呂伯奢の家に立ち寄った。呂伯奢は外出していたが、五人の子はみな、家にいて、主人と客の間の礼儀も備わっていた。太祖は自分が董卓の命令にそむいていたから、かれらが自分を始末するつもりではないかと疑いを抱き、剣を振るって夜の間に八人を殺して去った。（『三国志』武帝紀注引『世語』）

とある。裴松之が、「記事は乏しく秩序もなく劣っているが、時に珍しい記事があるので、よく読まれている」と評する『魏晉世語』は、曹操への遠慮が少ない。ここではすでに、曹操の「悪」が創作され始めている。『魏書』では数人とあった殺害人数が、八人と細かくなっている点にも注目したい。虚構は創るほどに細かくなることが多いためである。

蜀漢の正統も説かれていた東晉の三三〇年ごろに書かれたという孫盛《そんせい》の『異同雑語《いどうざつご》』には、

太祖はかれらの用意する食器の音を耳にして、自分を始末するつもりだと思い込み、夜のうちにかれらを殺害した。その後悲惨な思いにとらわれたが、「わたしが人を裏切ることがあろうとも、他人にわたしを裏切らせはしないぞ」と言い、かくして出発した。
(『三国志』武帝紀注引『雑記』〔『異同雑語』が正式な名称〕)

とある。裴松之によれば、孫盛の史書は、『春秋左氏伝《しゅんじゅうさしでん》』の言葉を用いたり、自分の見解によって史料を勝手に書き換える、『魏晉世語』などの奇説を好んで採る、事実の記述に不整合がある、などの欠陥を持つという。裴松之の史料批判のとおり、ここでは、『魏晉世語』の奇説を継承しながら、「わたしが人を裏切ることがあろうとも、他人にわたしを裏切らせはしないぞ」という曹操の言葉を創作している。こうして曹操を悪役とする物語は展開を続け、次第に曹操を悪逆非道な人物へと変容させていく。

『演義』は、これを見事に継承し、さらなる虚構を付け加える。呂伯奢の子どもと家の者八人を誤って殺した曹操は、逃げる途中に呂伯奢に遇う。報復を恐れた曹操は、故意に呂伯奢を殺害する。誤って殺したことはともかく、故意に呂伯奢を殺害することは不義だ、と詰め寄る陳宮《ちんきゅう》に対して、曹操は、「わたしが人を裏切ることがあろうとも、天下の人にわたしを裏切らせはしないぞ」という言葉を吐く。「他人」を「天下の人」に変えたことも含めて、見事な創作である。毛宗崗本は、この言葉に、「曹操はこれまでよい人のふりをしてきたが、ここで忽然《こつぜん》と奸雄《かんゆう》の心事を説き出した」と評をつけ、曹操が奸雄の「絶」であることを伝え始めるのである。

3　蜀漢正統論

『三国志演義』の歴史認識

曹操を「奸絶」とする毛宗崗本は、個人の善悪だけでなく、国家のそれをも規定する。毛宗崗本は、読三国志法の中で、三国を次のように位置づけている。

「三国志」を読む者は、正統《せいとう》・閏運《じゅんうん》・僭国《せんこく》の別を知らなければならない。正統とは何か。蜀漢がこれである。僭国とは何か。呉と魏がこれである。閏運とは何か。晉がこれである。魏が正統とされないのはいかなる理由によるか。地で論ずれば中原《ちゅうげん》が主《あるじ》であり（魏が正統となるが）、理で論ずれば劉氏が主であり、地は理には及ばない。それゆえに魏を正統とするもの、すなわち司馬光の『資治通鑑』は誤りである。蜀を正統とするもの、すなわち朱子の『資治通鑑綱目』が正しいのである。

こうした議論を正閏論《せいじゅん》と呼ぶ。正閏論とは、中国に複数の国家が並立したり、国家間の継承関係に疑義のある場合に、どの国家が正統であるかを論ずるものである。北宋の欧陽脩《おうようしゅう》は「正統論」において、正統とは天下の「正」を得て「統」一しているものであるとし、周《しゅう》・秦《しん》・漢・晋・隋《ずい》・唐を正統、三国魏・東晋・北魏・五代《ごだい》は正統であることに疑義があるとした。これに対して、南宋の朱子は、『資治通鑑綱目』において、周・秦・漢（蜀を含む）・晋（東晋を含む）・隋・唐を正統とし、三国の魏と呉・北朝・南朝・五代を正統なき時代とした。読三国志法は、蜀漢を正統とする朱子の『資治通鑑綱目』が正しい、と引用しながらも、晋を閏運《じゅんうん》（国家の存在は認めるが、正統ではない国家）とする点に、独自の歴史認識を示す。その理由について、読三国志法は、

劉氏（蜀）が滅ぶに曁《およ》び、晋が三国を統一したが、晋もまた正統と成し得ないのはなぜか。晋は、臣下（司馬氏）が君主（曹氏）を弑殺《しいさつ》した点で魏と違いがなく、また、統一の後も、国家の寿命が長くないので、ただ閏運と言うべきで、正統とは言えない。

と述べ、司馬昭《しばしょう》が曹髦《そうぼう》を弑殺して権力を掌握したことを曹魏と同じであると批判する。

こうした正統観は、陳寿の『三国志』とは大きく異なる。一般に、毛宗崗本はそれまでの李卓吾本などに比べて史実化を進めた、とされている。しかし、西晋の史家として、西晋の正統を証明するため「魏書《ぎしょ》」だけに本紀《ほんぎ》を設けて、曹魏を正統とした陳寿の『三国志』に、限りなく小説を近づけていけば、曹魏を僭国《せんこく》（勝手に国家を名乗っている偽《にせ》国家）とし、晋を閏運とする毛宗崗本の歴史認識は崩壊してしまう。このため、毛宗崗本は、一方で陳寿の『三国志』に近づけながらも、曹魏を正統とする歴史認識を継承することはなかった。それでは、どのような経緯で蜀漢を正統とする議論は形成されたのであろうか。

蜀漢正統論の形成

曹魏を正統とする『三国志』に対して、裴松之の注は、すでに曹魏を正統とする立場を採っていない。ただし、蜀漢を正統とする立場から、蜀漢に有利な史料だけを集めることもない。こうした状況を生み出した理由は、裴松之が仕えた劉宋より一つ前の東晋において、蜀漢を正統とする歴史認識が生まれ、曹魏正統論を相対化していたことによる。蜀漢を正統とする最初の史書は、習鑿歯《しゅうさくし》の『漢晉春秋《かんしんしゅんじゅう》』である。書名のとおり、前漢・後漢の正統は蜀漢に、その正統が西晉・東晉に受け継がれた、との歴史認識を持つ。さらに、習鑿歯は、「側周魯通諸葛論（周瑜《しゅうゆ》・魯粛《ろしゅく》を卑しめ諸葛亮を評価する論）」では、

さて古今の人物を論ずる際には、その人物の行為の根本、行動の源泉を考えねばならない。諸葛亮は、江南《こうなん》で臥龍《がりょう》として世に出なかったころには、管仲《かんちゅう》・楽毅《がくき》を理想として、漢を復興しようとする志を持っていた。これは根本を尊ぶ心であると言えよう。劉備は漢の高祖《こうそ》劉邦《りゅうほう》の正統な一族で、その信義は当時に明らかであった。諸葛亮は劉備を助け、滅びようとしている漢を復興し、途絶《とだ》えた宗廟《そうびょう》の祭祀《さいし》を継承させようとした。この行いを誰が間違っていると言えようか。（『太平御覧』巻四百四十七）

と述べ、諸葛亮は正統な劉備を助け、漢を復興しようとする行為の根本が正しいという。

こうした蜀漢正統論の背景には国際状況がある。東晉は、五胡《ごこ》と呼ばれる非漢民族に、長《ちょう》安《あん》や洛陽《らくよう》のある黄河《こうが》流域の中原《ちゅうげん》を奪われ、長江《ちょうこう》下流域に建てられた亡命政権である。それは、漢の正統を継ぎながら中原を曹魏に奪われ、長江上流域に押し込められた蜀漢と同じ境遇と考えてよい。軍事的に衰退しても正統は自分たちにある。東晉の人々は、三国の歴史に自己のありかたを投影したのであろう。いつかは中原を取り戻す、そのために北伐《ほくばつ》を、と考える

東晉の人々にとって、漢の正統を守るため、曹魏に対する北伐を続けて陣没した諸葛亮と蜀漢は、自己の感情を移入するのに格好な対象であった。

天宝《てんぽう》十四（七五五）年、安史《あんし》の乱が起こり、中原が安禄山《あんろくざん》に奪われると、唐でも同様な感情が盛りあがる。中原を追われ、蜀へと流浪した杜甫《とほ》は、諸葛亮を賛美する多くの詩を詠《よ》んだ。中原を失った唐とその官僚として何もできない自分、それと諸葛亮を対比して、無念と憧憬《しょうけい》の思いを交錯させていくのである。『演義』は、そんな杜甫の思いを取り入れることにより、諸葛亮の陣没を悼《いた》んでいる。毛宗崗本が諸葛亮の葬儀の後に引用する杜甫の詩「蜀相《しょくしょう》」、「詠懐古跡」という二首のうち「蜀相」を掲げておこう。

丞相の祠堂《しどう》　何《いず》れの処《ところ》にか尋ねん　　錦官城外《きんかんじょうがい》　柏森森《はくしんしん》
堦《かい》に映る碧草《へきそう》は自《おの》ずから春色　　葉を隔《へだ》つる黄鸝《こうり》は空《むな》しく好音《こうおん》
三顧《さんこ》頻煩《ひんぱん》なり天下の計　　両朝開済《かいさい》す老臣の心
出師《すいし》未だ捷《か》たざるに身《み》先《ま》ず死し　　長《とこしえ》に英雄をして涙襟《なみだえり》に満たしむ

（『全唐詩』巻二百二十六）

（蜀漢の）丞相（諸葛亮）を祭る祠堂はどこに尋ねたらよいか

それは錦官城（成都《せいと》）外の柏《このてがしわ》の樹がしんしんと立ち並ぶところ
やしろの堦《きざはし》に照り映える緑の草は《は》自然に春の色をあらわし
木《こ》の葉ごしにさえずる鶯《うぐいす》は（聴いてくれる丞相もいないのに）好い声で鳴いている
（蜀漢の先主《せんしゅ》劉備が）三度にわたって足しげく訪れたのは天下の計を得るため
（その恩顧に応えて丞相は先主・後主《こうしゅ》の）両朝に仕え、老臣としての心を尽くした
出師表を奉《たてまつ》って曹魏を伐《う》とうとし、戦に勝つ前に病死してしまった悲運は
永遠《とわ》に後世の英雄の襟もとに流れる涙を満ちさせる

杜甫は、呉を滅ぼした西晉の英雄杜預《とよ》の子孫であった。それにも拘《かか》わらず、志の途中で悲命に終わった諸葛亮は、永遠に英雄の涙を誘わずにはおかない、と激しい感情移入を見せるのは、安史の乱を避けた玄宗《げんそう》を追い、成都に至ったためであろう。国家のために戦いの途上で斃《たお》れた諸葛亮の生涯が、悲劇的にそれでいて美しく描かれている。『演義』へと受け継がれる「滅びの美学」である。明治の詩人、土井晩翠は、「星落《ほしお》つ秋風五丈原」の最後に、「高き尊《とうと》きたぐひなき『悲運』を君よ天に謝せ」と詠《うた》って、世人が諸葛亮を仰いでやまないのは、その志の成就にではなく、志を遂げられなかった悲運に対してであることを喝破している。杜甫の詩は、悲運において諸葛亮を嘆じる代表作と言ってよい。

朱子学のお墨付き

蜀漢正統論は、南宋《なんそう》（一一二七～一二七九年）の朱子によって完成される。東晉と同様、南宋もまた中原《ちゅうげん》を非漢民族に奪われていた。中原回復を国是とすべき南宋に生きた朱子は、政治的立場として蜀漢正統論を主張すべきであった。それにも増して、朱子は個人的にも諸葛亮に傾倒していた。朱子学として集大成された宋学《そうがく》（宋代に盛んとなった儒教哲学。道学《どうがく》ともいう）では、大義名分論《たいぎめいぶんろん》が盛んで、劉備が劉璋《りゅうしょう》を騙《だま》し討ちにして蜀を奪ったことは、義《ぎ》に反するとの批判も多かった。これに対して、朱子は、

程頤《ていい》先生は、「諸葛亮は王佐《おうさ》の心を持っていたが、その行動は大義名分を貫いたとは言いがたい」と述べているが、それは非常に的を射た議論ではある。……諸葛亮は、天から与えられた才能が非常に豊かで、その心ばえも宏《ひろ》やかであった。……劉璋を騙して蜀を奪ったことは、あるいはおそらく劉備の策謀であって、諸葛亮の意思とは違っていたのではないか。……三代《さんだい》（夏《か》・殷《いん》・周《しゅう》という儒教の理想とする三つの時代）を下ると、義によって国家の形成を目指した者は、ただ一人諸葛亮がいるだけである。（『朱子語《しゅしご》類《るい》』巻百三十六）

と、劉璋を騙したのは劉備であり、諸葛亮は無関係だと説く。諸葛亮の「草廬対《そうろたい》（いわゆる天下三分の計）」の中に、劉璋の打倒が含まれていることを、朱子ほどの大学者が知らないわけはない。それを劉備一人の責任にしてしまうことは無理が大きく、いわば贔屓《ひいき》の引き倒しである。朱子は、三代以降、諸葛亮だけが義によって国家の形成を目指した、と手放しで諸葛亮を礼賛《らいさん》し、その個人的な傾倒を隠さない。

朱子は、『資治通鑑綱目』を著し、北宋《ほくそう》（九六〇～一一二七年）の司馬光が『資治通鑑』の中で曹魏の元号を用いて三国時代を記述したことを批判し、西方に押し込められていても、蜀漢が三国時代の正統な国家であると主張した。こうしてすでに民衆に広まっていた「蜀漢贔屓」に、朱子学のお墨付きが与えられたのである。

元の中期（一四世紀）以降、科挙《かきょ》の試験が朱子学を基準とするようになると、朱子による蜀漢への正統性の付与と「忠義」の臣下としての諸葛亮像は、国家的な評価となった。『三国志』以来、正統の地位を曹魏に奪われてきた蜀漢は、朱子学により正統の地位を確立した。元末明初に形成された『演義』は、毛宗崗本が刊行された清代も官学であり続けていた朱子学の影響を強く受け、蜀漢を正統とする歴史小説になっているのである。

4　『三国志』の偏向

陳寿の思い

曹丕《そうひ》の建国した魏は、北魏《ほくぎ》（三八六〜五三四年）と区別するために曹魏《そうぎ》、孫権の建国した呉は、春秋時代の呉（?〜前四七三年）と区別するために孫呉《そんご》と呼ぶ。これに対して、漢もしくは季漢《きかん》（季は末っ子という意味）を建国した劉備の国家を単に蜀、あるいは蜀漢《しょくかん》と呼ぶことは、陳寿の『三国志』が曹魏を正統としたことを理由とする。

陳寿の『三国志』は、唐代に「正史」と定められた史書である。したがって、陳寿が正史『三国志』を著した、という書き方は厳密には誤りである。陳寿の『三国志』を「演義」に対して「正史」と呼ぶことも本来は正確ではない。「演義から正史、そして史実へ」という本書の副題は、日本における常識に従った分かりやすい表現に過ぎない。

また、正史とは、「正」しい「史」書という意味ではない。国家の「正」統を証明するための「史」書、という意味である。そのため、すべての正史は、紀伝体《きでんたい》という体裁を採る。紀伝体とは、本紀《ほんぎ》（皇帝の年代記）と列伝《れつでん》（臣下の伝記）からなる史書の名称で、原則として正史を編纂する国家から「正統」と認識される皇帝が本紀に記される。陳寿は、曹魏の禅譲《ぜんじょう》

（正統に国家を譲り受けること）を受けた西晋の史家であるため、『三国志』は曹魏にのみ本紀が設けられている。劉備も孫権も列伝に、すなわち名目上は、曹魏の臣下として記されているのである。

しかし、劉備と孫権は全く同等に扱われているわけではない。蜀漢の旧臣であった陳寿は、孫権の死去を「薨《こう》」、劉備の死去を「殂《そ》」と記して差異を設けている。『春秋』（儒教の経典《けいてん》である五経《ごきょう》の一つ。孔子《こうし》が編纂したとされる魯《ろ》の国の編年体《へんねんたい》の年代記）の義例《ぎれい》では、「薨」は諸侯《しょこう》の死去に用いる言葉である。すなわち、陳寿は「春秋の筆法」（『春秋』の義例に従った毀誉《きよ》褒《ほう》貶《へん》を含ませた史書の書き方）により、孫権が皇帝位に就いたことを否定しているのである。

これに対して、曹魏の諸帝の死去には「崩《ほう》」の字を用い、正統な天子であることを示す。興味深いのは、劉備の「殂」である。「殂」とは、『尚書《しょうしょ》』（五経の一つ。堯《ぎょう》・舜《しゅん》・禹《う》など伝説的な皇帝の事績をまとめた経書《けいしょ》）で、堯の死去に用いている言葉である。後漢末、漢は堯の子孫と考えられていた。このため、曹丕は、漢魏革命を堯舜革命（堯から舜への理想的な禅譲）に準《なぞら》えて正統化している。こうした状況下において、陳寿が劉備の死去を「殂」と表現することは、直接的には諸葛亮の「出師表《すいしのひょう》」が劉備の死去を「崩殂《ほうそ》」と記していることに依拠するとしても、劉備が堯の子孫、すなわち漢の後継者であることを「春秋の微意《びい》」（明確に書かずに仄《ほの》めかすこと）により後世に伝えようとしたからに他ならない。季漢という正式名称も、「蜀書」の最後の楊戯《ようぎ》伝の終わりに『季漢輔臣賛《きかんほしんさん》』という書物を引用することで、陳寿が後世に伝えた。陳寿は、自らが仕えた季漢が、漢を継承する国家であることを記録に留《とど》めようと努めたのである。

しかし、これで精一杯であった。劉備が季漢を建国したのは、曹丕が後漢の禅譲を受けて曹魏を建国したことを否定するためである。天が一つしかないように、天の命を受けて天下を支配する「天子」は、一人しか存在しない。したがって、劉備を後漢の継承者と位置づけることは、曹魏の正統、ひいては西晉の正統を否定しかねない。そこで陳寿は、『三国志』という三国それぞれの歴史を描く形式のもと、劉備の正統を潜ませながらも、その国の歴史を「蜀」書、つまり正式な国名である漢ではなく、地域名である蜀を冠してまとめるしかなかった。こうした苦心の書が『三国志』なのである。陳寿の思いを受け止め、本書は劉備の国家を、地域名と国名を併称して蜀漢と呼ぶことにしよう。

裴注の価値

このように陳寿の『三国志』は、同時代史であった。そのため、差し障《さわ》りがあって書けないことも多く、また内容が簡略に過ぎた。たとえば、劉備に仕えた趙雲《ちょううん》は、『三国志』趙雲伝には、わずか二四六文字の記録しかない。これでは物語は紡《つむ》げない。そこで、裴松之《はいしょうし》は、陳寿が採用しなかった三国時代に関する史料を集め、注として付け加えた。元嘉《げんか》六（四二九）年に完成した裴注《はいちゅう》（裴松之の注、以下裴注と略称）である。

裴松之は、注をつけるにあたって、『三国志』の原材料ともなった多くの書物を引用して『三国志』の記述を補う、という方法を採った。このため裴注には、実に二一〇種にも及ぶ当時の文献が、確実な史料批判とともに引用されており、『三国志』は裴注を得て、その価値を飛躍的に高めた。

史料批判とは、近代歴史学の基本となる方法論であり、ある史料の記述が正しいか否かを他の史料との比較などから考察することである。たとえば、『魏略《ぎりやく》』と『九州春秋《きゅうしゅうしゅんじゅう》』には、劉備が諸葛亮を自ら三度尋ねた、という「三顧《さんこ》の礼《れい》」を否定する記録がある。しかし、裴松之は、『三国志』諸葛亮伝の「出師表」に、三顧の礼が明記されることを論拠に、これらの記事を否定している。裴注の史料批判には、史学独自の方法論の確立を見ることができる。ここに「史」は、儒教から自立したのである。

裴注は、このように史学史上の価値が高いだけではない。『演義』の形成においても豊富な材料を提供した。趙雲伝の裴注には、『趙雲別伝』という文献が、一〇九六文字も引用されている。実に本文の四倍にあたる。しかも、陳寿の『三国志』趙雲伝と裴注に引用される『趙雲別伝』の趙雲像とは、大きく異なる。

『三国志』趙雲伝には、長坂坡《ちょうはんは》の戦いで阿斗《あと》（劉禅《りゅうぜん》）を保護したことは書かれるものの、あとは北伐で曹真《そうしん》に敗れ、死後に順平侯《じゅんぺいこう》となったことが記されるだけである。評《ひょう》（伝記の終わりに附される陳寿の評価）において、趙雲を夏侯嬰《かこうえい》（前漢の建国者劉邦《りゅうほう》の御者《ぎょしゃ》。敗走中に劉邦が捨てた子を拾って車を走らせ続けた）に準《なぞら》えているように、陳寿の描く趙雲は、劉備の家族の護衛隊長である。

これに対して、『趙雲別伝』では、趙雲は劉備と同じ床で眠ったとされる。関羽・張飛と同じである。長坂坡の戦いでの働きは、金石を貫くほどの節義であると高い評価が加えられる。また、孫夫人《そんふじん》（孫権の妹）が劉禅を呉に連れ帰ることを防ぎ、益州《えきしゅう》（後漢の行政区域名。成都を中心とする蜀と、現在の重慶《じゅうけい》を中心とする巴《は》を合わせた地域）平定時には、成都の建物・土地の分配に反対する。曹操に敗れた黄忠《こうちゅう》を救出、空城計《くうじょうけい》を行い「子龍《しりょう》の身体はすべて肝っ玉である」と劉備に評価される。さらには、関羽の仇討ちのため、孫呉の討伐を目指す劉備に堂々と反対する。このように『趙雲別伝』に記された趙雲は、関羽・張飛と並ぶ股肱《ここう》で、君主にも諫言《かんげん》する知勇兼備の将として描かれているのである。『演義』は、何の躊躇《ちゅうちょ》もなく『趙雲別伝』に従いながら、「五虎将《ごこしょう》」の一人に任命される虚構を加え、至誠の名将としての趙雲像を創り上げていく。

史書と史実

裴注は、『演義』の成立に大きな役割を果たしただけではない。われわれが三国時代の史実を明らかにしようとする時、その記述に偏向を持つ陳寿の『三国志』を相対化するためにも多くの役割を果たす。裴注の中には、陳寿が採用しなかった多くの史書が引用されるためである。

さらには、東晉の袁宏《えんこう》が著し、現在まで伝わった編年体の歴史書である『後漢紀《ごかんき》』、東晉の常璩《じょうきょ》が著した、中国最古の地方誌として巴蜀の歴史を伝える『華陽国志《かようこくし》』、劉宋の范曄《はんよう》が五世紀に著し、史料的価値は『三国志』には劣るものの、曹魏を正統としないため、漢末に関する独自の記述を見せる『後漢書《ごかんじょ》』、唐の太宗李世民《たいそうりせいみん》による国家事業として七世紀に編纂されたため、さらに史料的価値が劣るとされるが、晉に関する唯一の体系的な史書である『晉書《しんじょ》』といった周辺史料には、陳寿の『三国志』と異なった記事を載せる場合がある。

また、本来は皇帝の閲覧に備え、事項別に多くの書籍から記事を集めた唐の『藝文類聚《げいもんるいじゅう》』、宋の『太平御覧《たいへいぎょらん》』といった類書《るいしょ》には、すでに散逸している曹操の「軍令」や『諸葛氏集《しょかつししゅう》』の遺文が部分的に引用されている。これらの諸史料に基づき、『三国志』の史料批判を行うことにより、『三国志』の偏向を超えて、三国時代の史実に迫ることができるのである。

一方、『演義』には、現行の毛宗崗本という完成版に至るまでに出された多くの版本が残る。それらの版本、『三国志平話』、京劇《きょうげき》に繫《つな》がる劇の台本などに残る「三国志」物語との比較により、毛宗崗本の文学性に迫ることができる。ただし、『演義』の文学性を論ずることは他書に譲ることにし、本書では毛宗崗本を中心として『演義』と『三国志』との違いを明らかにすることに重点を置こう。

本書は、『三国志演義』から『三国志』へ、そして『三国志』から史実へと遡《さかのぼ》っていくことによって、物語としての「三国志」から、史実としての三国時代への橋渡し役を果たすことを目指すものである。

第二章　二袁の真実「漢」の重みと簒奪

1　黄巾の乱

妖術を特徴とする『演義』の黄巾

「三国志」は、光和《こうわ》七（一八四）年、黄巾《こうきん》の乱より始まる。「乱」という表現は、後漢側からの呼称である。黄巾には黄巾の理想や正義があったはずであるが、敗れた挙兵は「乱」と記される。歴史は勝者の記録だからである。蜀漢を正統とする『演義』もまた、黄巾は「乱」を起こした「賊」とするが、史書と比べた場合の特徴は、その呪術《じゅじゅつ》性の強調にある。朱儁《しゅしゅん》のもと、劉備《りゅうび》が黄巾の首領張角《ちょうかく》の弟、張宝《ちょうほう》と戦った際のこと、

　張宝が馬上に髪を捌《さば》き、剣を片手に切っ先を天に向けて妖《あや》しげな法を使えば、たちまち激しい風・雷が起こり、一陣の黒気が天から下って、中から無数の人馬が殺到した。驚いて玄徳《げんとく》（劉備）は退却を命じたが、兵は逃げまどい惨敗を喫した。（毛宗崗本『三国志演義』第一回。以下、毛宗崗本は回数のみを表記する）

と、張宝が妖術《ようじゅつ》を使う。劉備は朱儁の命により、豚・羊・犬の血や汚物を集め、それを浴び

せかけて妖術を破る。『水滸伝《すいこでん》』や『西遊記《さいゆうき》』に多く現れるこうした妖術使いとの戦いは、『演義』では珍しい。諸葛亮《しょかつりょう》も道術を駆使するが、それが血や汚物で破られることはない。黄巾の妖術とは、起源が異なるためである。

黄巾の妖術は、『三国志平話』にも嘉靖本にも見えない。清の毛宗崗本の底本となった明の李卓吾本には描かれているため、黄巾の妖術は明代に加えられた物語と考えてよい。明清時代には、元の中国支配を覆した白蓮教《びゃくれんきょう》（弥勒下生《みろくげしょう》による現世救済を説く道教の教派）が、国家から「邪教」として弾圧されていたにも拘らず、民衆と深く結びついて、しばしば反乱の紐帯《ちゅうたい》となっていた。しかし、白蓮教の妖術に対して、血や汚物で対抗したという記録は、たとえば『明実録《みんじつろく》』には見えない。現実の反映というよりは、並行して発展した『水滸伝』や『西遊記』など他の小説からの影響と考えるほうが妥当であろう。

太平道の教法とは

黄巾を賊として記録することは、史書も同じである。したがって、黄巾の乱を起こした宗教結社を始めた張角自身については、わずかな記録しかない。鉅鹿《きょろく》郡の出身で、その教法が治病《ちへい》を中心としたことを伝えるのみである。最も詳しい『後漢紀《ごかんき》』霊帝《れいてい》紀は、張角と弟の張良《ちょうりょう》・張宝（『三国志』・『後漢書』は張梁・張宝とする）は、自ら大医《たいい》と称して、善道につかえ、病気の者があるたびに跪拝首過《きはいしゅか》させた。

と記し、その治病方法が「跪拝首過」であったとする。「跪拝」とは、ひざまずき拝礼することであるが、「首過」とは何か。

同じく後漢末、漢中《かんちゅう》を中心に起こった宗教教団で、のち曹操に降服した五斗米道《ごとべいどう》は、教主の張魯《ちょうろ》が曹操の姻戚《いんせき》となり、支配者の側に立ったことにより、その教法が今に伝わっている。五斗米道も治病を布教の中心に置いたが、病気は過去の罪過の結果として起こるとされた。そこで「祭酒《さいしゅ》」と呼ばれる指導者は、病人を「静室《せいしつ》」に入れて罪過を告白させ、病人の名と罪過を書いた紙片を天官《てんかん》・地官《ちかん》・水官《すいかん》（天・地・水の神々）に捧げ、『道徳経《どうとくきょう》（老子）』を唱えさせることにより治病を行った。この罪過の告白を「首過」という。キリスト教の「懺悔《ざんげ》」のように、罪の告白による精神療法は、広く世界に行われている。ある程度の治療効果はあったと考えてよい。

治癒した病人は、五斗の米を納め信者となる（「五斗米道」という名称の由来）。こうした一般の信者を「鬼卒《きそつ》」と呼ぶ。鬼卒は、祭酒が支配する二十四の「治《ち》」に分属し、二十四の「治」を張魯が統括することで、教団組織は維持されていた。黄巾の乱を起こした張角も、

「渠帥《きょすい》」という指導者が支配する三十六の「方《ほう》」を率いて、一斉に蜂起《ほうき》した。太平道と呼ばれる張角の教団と五斗米道との近接性は高い。

　治病により教線を拡大していた張角は、後漢の混乱と自然災害の頻発を見るにつれ、漢の天下は終わり、自分たちの天下が始まることを説いていく。たまたま光和七（一八四）年が、「甲子《こうし》」にあたることもあり、「蒼天已死、黄天当立。歳在甲子、天下大吉（蒼天《そうてん》 已《すで》に死す、黄天 当《まさ》に立つべし。歳は甲子に在り、天下 大吉なり）」という十六文字のスローガンを掲げ、新しい世界の樹立を目指して蜂起したのである。

　甲子は、すべての年の始まりであり、革命が起こるとされていた。この時代は、中平《ちゅうへい》・建《けん》安《あん》といった元号とともに、十干十二支《じっかんじゅうにし》の組み合わせで、年や日数を表記した。日本でも、子《ね》年・丑《うし》年として残るものが十二支、甲乙丙丁《こうおつへいてい》という数え方で残っているものが十干である。十干十二支の組み合わせは六十通りであり、暦が一回りする数え年の六十を還暦という。この組み合わせの最初が「甲子」であるため、すべてが革《あらた》まる革命の年で、天下は大吉である、とスローガンの後半は説く。前半は、「蒼《あお》」の解釈が難しい。

蒼天 已に死す、黄天 当に立つべし

中国だけではなく、東アジアの宇宙論の根底に置かれるものは、陰陽五行《いんようごぎょう》説である。万物

は陰（地・月・女など）と陽（天・日・男など）との交わりによって生まれ、木・火・土・金・水という五つの要素（五行）から成り立つ。しかも、万物を構成する五行は、互いに移り変わる。木を燃やすと火になるように、木（蒼）↓火（赤）↓土（黄）↓金（白）↓水（黒）↓木……と、五行は互いに生まれていく。これを五行相生《そうしょう》説と呼ぶ。

万物の中には、国家も含まれる。後漢は、赤をシンボルカラーとする火徳の国家とされていた。五行相生説によれば、火徳に代わるものは土徳で黄色をシンボルカラーとする国家となる。後漢の滅亡後に建国された三国のうち、曹魏が黄初《こうしょ》、孫呉が黄武《こうぶ》・黄龍《こうりゅう》という元号を使っているのは、このためである。したがって、太平道の「黄天 当に立つべし」というスローガンは、五行相生説にも適合する。

しかし、「蒼天 已に死す」の「蒼」は、五行では木徳となり、五行相生説では火徳の漢の終焉を示すことにはならない。五行説には、相生説の前に理論化されていた相勝《そうしょう》（相剋《そうこく》）説という考え方もある。水が火を消すように、後者（水）が前者（火）に打ち勝つことによる、五行の循環を説く。しかし、相勝説の木↑金↑火↑水↑土↑木……であっても、火徳（赤）の漢の次は水徳（黒）となり、太平道のスローガンを説明することはできないのである。

各地で蜂起した太平道の中でも強盛を誇った青州《せいしゅう》の黄巾が、曹操と戦った際に送った降服勧告には、かれらのスローガンを理解するヒントが隠されている。

（黄巾の）賊は書簡を曹操に送って、「むかし君が済南国相《せいなんこくしょう》であった時、（城陽景王劉章《じょうようけいおうりゅうしょう》の）神壇を破壊した。その道は、中黄太乙《ちゅうこうたいいつ》と同じであり、道を知っているかのように思われた。しかし、いま改めて迷い惑って（黄巾を攻撃して）いる。漢行《かんこう》はすでに尽きており、黄家がまさに立つべきである。天の大運は、君の才能や力量でよく制御することができないところで動いている」と言った。（『三国志』武帝紀注引『魏書』）

　城陽景王信仰とは、前漢の高祖《こうそ》劉邦《りゅうほう》の呂《りょ》皇后一族から漢を守った劉章（城陽景王）への信仰で、前漢を奪った王莽《おうもう》に対する赤眉《せきび》の乱の宗教的な背景となったものである。黄巾は、その信仰内容ではなく、劉章、すなわち漢家に関わる祭祀を曹操が破壊したことを評価しているのであろう。また、「漢行」とは、五行思想における漢の寿命という意味であるから、黄巾は五行思想をも踏まえたうえで、漢の滅亡と黄家の興隆を主張したと考えてよい。

　注目すべきは、黄巾が自らの道を「中黄太乙」と称していることである。盧弼《ろひつ》の『三国志集解《さんごくししっかい》』によれば、『三国志』の版本の中には「乙」を「一」とするものがあるように、「太乙」とは「太一《たいいつ》」のことである。太一とは、前漢の武帝《ぶてい》期に黄老《こうろう》思想（黄帝と老子を尊崇する思想）を背景に最高神として祭祀を受けていた神である。むかし、世界史の教科書では、武帝期に董仲舒《とうちゅうじょ》の献策により太学《たいがく》（国立大学）に五経博士《ごきょうはくし》が置かれ、儒教が国教化されたと書かれていた。しかし、それは班固《はんご》の『漢書《かんじょ》』の偏向した記述をそのまま信じたために生じた誤りである。武帝期には老荘思想に法家の中央集権思想を取り込んだ黄老思想が盛んであり、その最高神として太一が国家の祭祀を受けていたのである。

「儒教の天」の終わり

儒教が国家を正統化する支配理念として唯一尊重され、支配の具体的な場に現れ、官僚にも豪族にも受容される「儒教国家」が成立するのは、後漢の章帝《しょうてい》期以降のことである。章帝期の白虎観会議《びゃくこかんかいぎ》を画期に成立した後漢「儒教国家」に対する異議申し立てがなされる時、「儒教国家」の成立以前の前漢武帝期において、漢の支配理念であった黄老思想にその拠り所を求めることは、自然な発想である。さらに、五行相生説において、火徳の漢を継ぐべき土徳のシンボルカラーが「黄」であったことは、黄老思想の復権に拍車をかけよう。

事実、永嘉《えいか》元（一四五）年には、九江《きゅうこう》郡の賊馬勉《ばべん》が「黄帝《こうてい》」と称し、建和《けんわ》二（一四八）年には、長平《ちょうへい》県の陳景《ちんけい》が自ら「黄帝」の子と称して反乱を起こしている。同じ年、南頓《なんとん》県の管《かん》伯《はく》は、「真人《しんじん》」という号を称して兵を挙げている。真人は、後に五斗米道が儒教の「天子」に対抗して用いる称号である。ちなみに、馬勉は黄色の衣帯を着ていたという。これら黄巾の先駆となる反乱でも、その紐帯は黄老思想に求められている。

こうした準備期間と、「真人」という「天子」に代わる新たな君主像がすでに提示されていることからも、黄巾は、黄老思想に依拠した新たなる天の観念に基づいてスローガンを立てたと考えてよい。青州黄巾の書簡で言う「中黄太乙の道」とは、中黄太乙という天（最高神）に従う生き方を示す。したがって、スローガンの「黄天 当に立つべし」の黄天は、太平道の天である中黄太乙であり、それが立つべきことが主張されている。

すると、対句である「蒼天 已に死す」の蒼天を、必ずしも現実に存在する漢帝国に限定する必要はない。黄天が太平道の天である中黄太乙であるならば、蒼天は儒教の天、すなわちそれは後漢「儒教国家」の天でもある昊天上帝《こうてんじょうてい》を指す、と考えることが、対句としては正しい。儒教経典の『詩経《しきょう》』黍離《しょり》では、昊天上帝は「蒼天」とされている。となれば、「蒼天已に死す、黄天 当に立つべし」とは、「儒教国家」の天である昊天上帝はすでに死んでおり、太平道の天である中黄太乙が代わって立つことを宣言したものと理解できよう。

さらに、黄巾は、自らの天である中黄太乙によって、太平を実現できると主張していた。

中平《ちゅうへい》元（一八四）年、黄巾の賊帥《ぞくすい》である張角は魏《ぎ》郡より起こり、神霊があったと仮託し、八人の使者を派遣して善道により天下を教化するとした。そして密かに互いに連絡しあって、自ら黄天泰平《こうてんたいへい》と称した。三月甲子（十七日）、三十六の方《ほう》が一朝にして一斉に蜂起した。天下は響き応じ、郡県を焼き払い、長吏を殺害した。（『三国志』孫堅伝）

黄巾は「黄天泰平」とも自称しているのである。中黄太乙により泰平（太平）が実現することの宣布である。黄巾は、後漢「儒教国家」を全否定し、「黄天泰平」を実現することを理想として示し、それを実現するために立ち上がったのであった。

これに対して、後漢の霊帝は、北中郎将《ほくちゅうろうしょう》の盧植《ろしょく》、左中郎将《さちゅうろうしょう》の皇甫嵩《こうほすう》、右中郎将《ゆうちゅうろうしょう》の朱儁《しゅしゅん》に黄巾の平定を命じた。最も活躍した皇甫嵩は、潁川《えいせん》の黄巾の波才《はさい》を破り、汝南《じょなん》郡・陳《ちん》郡・東《とう》郡の各地を転戦しながら勝利を重ねた。ついに広宗《こうそう》の戦いで張角《ちょうかく》の弟張梁《ちょうりょう》を討つと、すでに病死していた張角の棺を壊し、その首を洛陽に送り届ける。さらに、曲陽《きょくよう》で張角の弟張宝《ちょうほう》を討ち、黄巾の鎮圧に成功したのである。

2　暴君董卓

董卓の横暴

黄巾の乱を平定しても、後漢は立ち直らなかった。宦官《かんがん》（宮中に仕える去勢した男子）と外《がい》戚《せき》（皇帝の母方の一族）との対立が続いていたからである。外戚の何進《かしん》は、宦官の全滅を謀り、その後ろ楯として強力な軍隊を首都洛陽《らくよう》に呼び寄せようとする。先手を打った宦官は、何進を宮中で殺害した。何進とともに計画を練っていた袁紹《えんしょう》は、軍を率いて宦官を皆殺しにするが、少帝《しょうてい》は宦官に連れ出され、都の外をさまよった。そこに、何進に呼ばれていた董卓《とうたく》が涼州《りょうしゅう》より到着、皇帝を擁立して権力を掌握する。

『演義』は、董卓を「三国志」随一の暴君に描く。董卓にそうした側面が多かったことは事実である。しかし、時代の変革期に現れる破壊者は、その時代の価値観を粉々に打ち砕くとともに、新たなる価値観を見出していく。破壊なくして創造はない。それでも、勧善懲悪《かんぜんちょうあく》を目的の一つとする『演義』は、董卓の創造的な側面を全く描かない。

皇帝の廃立により独裁権を握ろうとした董卓に、堂々と反対した者は、荊州刺史《けいしゅうしし》の丁原《ていげん》であった。丁原もまた、強力な軍隊を率いていたのである。翌日、丁原は、養子の呂布《りょふ》の圧倒的な活躍により董卓を破った。驚いた董卓は、名馬「赤兎馬《せきとば》」と莫大な金銀宝玉を呂布に贈る。利に釣られた呂布は、丁原を殺し、その首を手土産に董卓の養子となった。

武勇では向かうところ敵なしの呂布を手に入れた董卓は、再び皇帝の廃立を唱えた。今度は、袁紹が反対する。袁紹は「四世三公《しせいさんこう》」（四世代にわたって宰相の三公を輩出した家柄）と称えられた名門の出身である。「陛下は即位してから日も浅く、なんら不徳を犯していない。

おまえは嫡子《ちゃくし》（何皇后《かこうごう》の子の少帝）を廃して、庶子《しょし》（王美人《おうびじん》の子の陳留王《ちんりゅうおう》）を立てようとしている。謀叛《むほん》以外のなにものでもない」。袁紹と董卓は互いに刀を抜いてにらみ合った。やがて袁紹は、刀をさげたまま退出すると、冀州《きしゅう》へと立ち去る。

こうして反対勢力をすべて排除した董卓は、少帝を廃して弘農王《こうのうおう》とし、九歳の陳留王（献《けん》帝《てい》）を立てた。後に弘農王を殺し、相国《しょうこく》（三公より上位の上公《じょうこう》。独裁を防ぐため廃止されていた）に就くと、宮女を姦淫《かんいん》して天子の寝台で休み、村祭りを襲撃して賊を滅ぼしたと宣伝するなど、悪逆非道の限りを尽くした。こうした救いようのない、しかも打倒しようのない暴君に描くからこそ、「美女連環《れんかん》の計」で董卓を破滅させる貂蟬《ちょうせん》の孝と義は煌《きら》めく。

貂蟬の孝と義

貂蟬は、西施《せいし》・王昭君《おうしょうくん》・楊貴妃《ようきひ》とともに、中国四大美女に数えられる。四人の中で架空の人物は、貂蟬ただ一人である。なぜ貂蟬が選ばれるのであろう。『演義』に描かれる容貌の美しい女性であれば、実在した小喬《しょうきょう》でも袁熙《えんき》の妻甄《けん》氏でもよい。

貂蟬は、董卓と呂布を仲違《なかたが》いさせ、呂布に董卓を殺させた「美女連環の計」で知られる。美貌という女性の武器を使い、二人の豪勇の男を手玉にとった悪女にも思われる。事実、「三国志」を扱った雑劇や語り物の中には、悪女の貂蟬が関羽に斬られる話もある。これらの物語では、貂蟬は呂布の妻と設定される。そして、董卓殺害の後には、呂布の妻でありながら董卓と関係を結んだ不貞《ふてい》を恥じぬばかりか、もとの夫である呂布の悪口を言い、関羽・張飛に媚《こび》る悪女に描かれている。

これに対して、毛宗崗本は、李卓吾本を書き換えて、貂蟬を王允《おういん》の歌伎《かぎ》と設定する。妻でなければ、貞節を求められない。そして、歌伎という身分も責任も低い女性が、自らの身を汚して、漢を滅ぼそうとしている董卓を打倒した、という設定により、漢を守った貂蟬の義をいっそう輝かせるのである。さらに貂蟬は、王允が卑しい自分を「我が子のように育ててくれた恩返しとして、命を投げ出す覚悟です」と美女連環の計に協力する動機を語る。貂蟬は、王允の恩に報いる孝のため、身を汚して漢を救おうとしたのである。毛宗崗本は、第八回の冒頭に、次のような総評を記している。

貂蟬という女子を、どうして麒麟閣《きりんかく》や雲台《うんだい》に描いて、後世まで名を知らしめようとしないのか。最も恨めしいことは、今の人がでたらめに伝えている、関羽が貂蟬を斬るという話である。そもそも貂蟬には斬られるべき罪などなく、むしろ褒め称えられるべき功績がある。ここにそれを特別に記しておくことにした。

毛宗崗本は、貂蟬の功績を称え、前漢・後漢の功臣を掲げる麒麟閣・雲台に像を描けという。貂蟬を漢への義を尽くした功臣と認識しているのである。漢が滅ぼされようとする時、貂蟬は、王允への孝と漢への義のため、自らの身を穢《けが》して董卓を打倒した。

架空の貂蟬が、中国四大美女の一人に数えられるのは、容貌が美しいからだけではない。漢への義のため、養父王允に命をかけて孝を尽くす、その心根が美しいためなのである。

名士の抜擢

『演義』が董卓を破壊的な暴君としてのみ描くことに対して、『三国志』には、董卓の新たな時代の創造者としての側面も記される。董卓は、持ち前の残忍な性格を隠して、侍中《じちゅう》（皇帝の諮問に応える側近官）に伍瓊《ごけい》、相国長史《しょうこくちょうし》（董卓が就いている最高官である相国の幕府の長官）に何顒《かぎょう》といった名士を次々と登用し、荀彧《じゅんいく》の伯父荀爽《じゅんそう》を司空《しくう》（三公）に、陳羣《ちんぐん》の父陳紀《ちんき》を卿《けい》（大臣）に抜擢《ばってき》している。逆に、董卓の親愛するものは、高い官職には就けず、将校とするだけであった。董卓は、徹底的に名士を登用しているのである。人材登用と言えば、唯才《ゆいさい》主義を掲げた曹操、名士への礼遇と言えば、諸葛亮を三顧の礼で迎えた劉備が有名であるが、董卓もかれらに勝るとも劣らず、名士の抜擢に努めているのである。

名士とは、漢代の豪族《ごうぞく》（大土地所有者）を主たる出身階層としながら、両晉南北朝時代の貴族の源流となっていく三国時代の知識人層を呼ぶための分析概念（仮説を実証するため理論的に設定した用語）である。諸葛亮と司馬懿が渭水《いすい》のほとりで対陣していた折、司馬懿は間諜《かんちょう》により亮の様子を探らせた。諸葛亮は、戦場でも軍服を着ず、飾りのない輿《こし》に乗って、頭巾をかぶり毛扇《もうせん》を振るって軍隊を指揮していた。それを聞いた司馬懿は、「諸葛君は、名士と言うべし」と、感嘆したという（『藝文類聚《げいもんるいじゅう》』所収裴啓《はいけい》『語林』）。このように名士という言葉は、史料中にも用いられるが、この時代だけに使われた用語ではない。したがって、本書で用いる名士は、あくまでも分析概念である。

名士という分析概念は、フランスの社会学者ピエール＝ブルデューの文化資本論にヒントを得ている。歴史を生産力の発展段階から分析するマルクス主義の唯物史観《ゆいぶつしかん》に反発し、社会の総体として歴史を捉えようとするアナール学派の一翼を担ったブルデューは、経済だけではなく、文化もまた資本として、人々を卓越化させる基準となり得ることを、学問・資格・学歴といった制度化された文化資本、絵画・ピアノ・書籍といった客体的文化資本、言葉・振る舞い・センスといった身体化された文化資本などの分析から明らかにした。

孫呉に仕える魯肅《ろしゅく》は、豪族の家に生まれたが、社会の中で卓越的な地位を得た理由は、直接的にはその経済力にはなく、周瑜《しゅうゆ》に評価されて名声を得たことにある。軍資の調達に訪れた周瑜に、二つあった食糧庫の一つをすべて与え、その豪胆さと見識の高さを認められたのである。魯粛は、周瑜以外に対しても、先祖伝来の田畑を売り払ってまで、困窮している名士に賑恤《しんじゅつ》（経済的に援助）することで、名声を得ようとしていた。経済資本である田畑を名声という文化資本に転化することにより、名士となり得たのである。

乱世において、賊の攻撃からの防御や持ち運びに難がある大土地所有という経済資本に比べて、身につけた文化的価値に対して与えられる名声という文化資本は、維持も移動も容易である。徐州琅邪《じょしゅうろうや》では大土地を所有していたであろう諸葛亮が、そうした経済資本とは無縁の、故郷から遠く離れた荊州《けいしゅう》の襄陽《じょうよう》でも、卓越した地位を得られたのは、文化資本を有していたからである。また、豪族と称するように、一族として所有できる大土地とは異なり、文化資本は個人に帰属する。名族と呼ばず、名士と称する理由である。

かつての魯粛がそうであったように、豪族たちは自らが名士となるために、名士を支持し、その名声を尊重した。君主は、広大な領域を支配するためには、豪族の支持により地域の支配を安定化させ得る名士の協力が必要であった。さらに名士は、自分たちの人的ネットワークだけで情報を握り、状況を分析することができた。三国随一の兵法家である曹操でさえ、戦いに勝利するためには、情報を握る名士の協力が必要不可欠だったのである。

蔡邕の登用も実らず

だからこそ董卓は、暴虐な本心を抑えて、名士を招致して自らの支配を安定させようと試みた。董卓の呼びかけに応じた者は、後漢末の大学者蔡邕《さいよう》であった。董卓は、武王《ぶおう》を助けて西周《せいしゅう》の基礎を築いた太公望呂尚《たいこうぼうりょしょう》と同じ「尚父《しょうほ》」の称号を望んだが、蔡邕に批判されると諦《あきら》めた。それほどまでに蔡邕を尊重していたのである。『演義』の暴君董卓の印象からは遠い、意外な一面と言えよう。董卓の新時代への創造は、蔡邕に託されていた。

蔡邕の学問は多岐にわたる。博学で文章に優れ、数学や天文に詳しく、音楽に精通する琴の名手でもあった。また東観《とうかん》と呼ばれる歴史編纂所で『後漢書』の根本史料となった『東観《とうかん》漢記《かんき》』の編纂に携《たずさ》わり、儒教の経典を石に刻んだ熹平石経《きへいせきけい》を太学《たいがく》（洛陽にあった国立大学。博士が経学〈儒教の経典についての学問〉を教授した）に立てる中心ともなった。

董卓に召し出される前、蔡邕は宦官と結んだ陽求《ようきゅう》のため、流刑に処されていた。流刑先で蔡邕は、『東観漢記』の続きとして、「十意《じゅうい》」（十志。桓帝の諱である「志」を避け、同義の「意」を用いた）を著している。これが、現行の『後漢書』「八志《はちし》」の原史料である。志とは制度史のことで、「八志」は、後漢の礼儀・祭祀・暦・官職・地理・車服などの後漢の国制を今日に伝えている。後漢が衰退する中、蔡邕は、漢の国制を後世に伝えようとしたのである。破壊者の傍らには、旧体制の価値観の集大成者がいたのだ。蔡邕は、自分を登用してくれた董卓のもとで、自らがまとめた漢のシステムを復興し、後漢末の混乱を収拾して、新しい世界を創造することを目指したのである。

しかし、暴君董卓を許容した者は、蔡邕だけであった。董卓に抜擢された名士たちは、たとえば、韓馥《かんふく》が冀州刺史《きしゅうしし》に着任すると軍勢を集め、董卓討伐に立ちあがったように、董卓に従うことはなかった。この動きが袁紹を盟主とする反董卓連合の形成へと至る。旧体制の破壊者は、その力が強すぎるがゆえに反発も大きい。反董卓連合の形成に対して、董卓は、守備に適さない洛陽を焼き払い、軍事拠点である長安《ちょうあん》へと遷都を行った。当然、朝臣からは、激しい反発を受ける。それを暴力によって押さえ込む。その繰り返しによって、董卓ならびにその軍勢は、完全に制御を失った。

呂布により殺され、市《いち》に捨てられた董卓の遺体からは油が流れ出て、芯《しん》をさして火をつけたところ、何日間も燃え続けたという。自らをも焼き尽くす紅蓮《ぐれん》の炎により、董卓は漢を破壊した。その焼け跡の上に、新しい世界は築きあげられていく。

3　袁術の僭称

蜂蜜が飲みたい

『演義』では、敵役《かたきやく》とされた曹魏、道化《どうけ》とされた孫呉の人々は、おおむね扱いが粗雑である。

それにも増して最も低く書かれている者は、袁術《えんじゅつ》であろう。董卓と戦った際には、先陣の孫《そん》堅《けん》が力を増すことを恐れて兵糧を送らない。董卓配下の勇将華雄《かゆう》と戦おうとした関羽には地位の低さをなじり、関羽が華雄を討ったことを喜ぶ張飛の言動にも怒る。父の死後、身を寄せていた孫策《そんさく》からは、兵力の質《しち》に伝国《でんこく》の玉璽《ぎょくじ》を奪う。それにより漢の皇帝がいるにも拘らず、袁術は自ら即位して皇帝を僭称《せんしょう》するに至る。

酒を煮ながら英雄を論じた曹操は、袁術を「塚中の枯骨《ここつ》（墓の中の枯れた骨）」と評する。すでに死んでいる前世の遺物。そう罵《ののし》られた袁術が拠点とした淮南《わいなん》は、本来は物資が豊富な地域であった。ところが、皇帝となった袁術のあまりの贅沢ぶりに経済は破滅し、人心は離反する。やがて袁術は、呂布に敗れ、曹操に攻め込まれる。

衰退した袁術は、袁紹のもとへ伝国の玉璽と引き換えに援助を求めに行くが、その途中を劉備に襲われる。強い兵士は袁術を見捨て、兵糧も尽き果てた。固い飯が喉《のど》を通らなくなった袁術は、喉の渇きに蜜《みつ》の水を料理番に求める。料理番は答えた。「ただ血の水があるだけです。どうして蜜の水などありましょうか」。袁術は寝床に座ったまま、一声叫んだと思うと下に転げ落ち、一斗あまりも血を吐いて死んだ。

『演義』は、袁術が驕《おご》り高ぶって絞り取った血を、蜂蜜の代わりに袁術に与えた。袁術の狭量と驕奢《きょうしゃ》を記し、皇帝を僭称した男の末路を血で染めあげるのである。

二袁児を殺せば天下は取れる

袁術を低く描くものは、『演義』だけではない。『三国志』もまた、帝位を僭称した袁術を貶めている。しかし、その本当の実力は、董卓に、「ただ二袁児を殺せば天下は取れる」（『後漢紀《ごかんき》』献帝紀）と言わしめるほどのものがあった。「二袁児」のうち、袁紹の力は推定できる。官渡《かんと》で曹操と決戦したため、その集団に関しても、ある程度の記録が残されているためである。しかし、皇帝を僭称した袁術には史官も冷たく、後に呉を建国する孫氏が、袁術に駆使されたことに違和感を覚えるほど、袁術の扱いは乏しい。それでも、光武帝の故郷であった南陽郡《なんようぐん》を拠点に、荊州・徐州に勢力を振るい、孫堅に豫州《よしゅう》を窺《うかが》わせ、曹操と争った袁術が、後漢末の一方の旗頭であったことは理解できる。

袁術はすでに袁紹と仲違いをしており、また劉表《りゅうひょう》との関係も悪く、北方の公孫瓚《こうそんさん》と連合していた。袁紹は公孫瓚と対立しており、南方の劉表と連合していた。その兄弟が対立し、近きを棄てて遠きと交わることはこのようであった。（『三国志』袁術伝）

董卓無きあとの群雄割拠の状況について、袁紹―曹操―劉表と、袁術―孫堅―公孫瓚という二大勢力の対決と把握できるほどの勢力を袁術は持っていたのである。

袁術は皇帝を僭称する際に、「四世公輔《しせいこうほ》」（四代にわたって三公を出し漢を輔《たす》けてきた）という出自を正統性として掲げた。『演義』では兄とされる袁紹は、正しくは庶兄（妾《めかけ》の生んだ兄）であり、嫡子（正妻の子）である袁術こそ「汝南《じょなん》の袁氏」（袁氏は汝南郡の出身。名門は郡の名をつけて呼ばれる）の正統後継者なのである。嫡子の袁術は、司空《しくう》となった父袁逢《えんぽう》の後を嗣いだが、庶子の袁紹は家から出され、袁逢の弟で早く卒し左中郎将《さちゅうろうしょう》に止《とど》まった袁成《えんせい》の家を嗣がされた。袁術が袁紹を見下し、二人が対立する理由である。

したがって、袁術は集団を拡大する際にも、名門主義を採った。同じ三公の子弟で幼いころから交際のあった陳珪《ちんけい》を、腹心に据えようと試み、司徒《しと》張歆《ちょうきん》の子である張範《ちょうはん》・張承《ちょうしょう》兄弟を召し出している。さらに、「汝南の袁氏」と並称される「四世三公」の家柄である「弘農《こうのう》の楊《よう》氏」の楊彪《ようひょう》と婚姻関係を結んでいた。つまり、袁術は「四世公輔」の出自であることを自己の価値の中心に置き、価値観を共有できるであろう後漢の高級官僚家を糾合して、自らの勢力基盤にすることを目指したのである。

しかし、陳珪は子を人質に取られても袁術に従わなかったし、張承は袁術のために正統性を弁ぜず、加入を強要された名士も多くは袁術に臣従しなかった。それは、袁術が自らの価値の源泉である後漢を簒奪《さんだつ》することが、価値観の自己矛盾を起こすためであろう。最も激しく拒絶した者は、孫策であった。江東の弱小豪族の出身に過ぎず、袁術の尖兵《せんぺい》として城市を落とすたびに、その成果を横取りされていた孫策は、袁術の家が五世にわたって漢の宰相を出しながら、漢への忠節を尽くさないことを厳しく批判した訣別《けつべつ》状を突きつけている。後漢の衰退の中で、黄巾の乱に代表される、漢への異議申し立ては繰り返されていた。それにも拘らず、真っ先に漢の皇帝を無視して、皇帝を僭称した袁術は、批判の渦の中で破滅する。たしかに、漢の「四世公輔」であることに正統性を求める袁術が、漢を否定して即位することは自己矛盾であった。しかし、曹操が最後まで献帝を擁立し続けたことを見ても、漢の権威は、なお強力であったと考えてよい。それは、後漢の国教である儒教によって、漢が支えられていたからである。

獲麟のわけ

後漢「儒教国家」で太学に博士が置かれた経典《けいてん》は、『詩経《しきょう》』『尚書《しょうしょ》(書経《しょきょう》という名称が一般化するのは宋代以降)』『春秋《しゅんじゅう》』『周易《しゅうえき》(易経《えききょう》)』『礼記《らいき》』の五経《ごきょう》であった。この中で、「漢の経《けい》」とも言われ、最も尊重された経典は『春秋公羊伝《しゅんじゅうくようでん》』である。春秋と公羊伝の関係は、少しく説明が必要であろう。

儒教の経典は、今文《きんぶん》と古文《こぶん》というテキストの文字の違いにより大別される。今文は、口承《こうしょう》で伝えられてきた経典とその解釈が漢代に書き留められたもので、隷書《れいしょ》という漢代の文字（今文）で書かれている。これに対して、古文は、発掘などにより現れた漢以前の文字（古文）で書かれた経典とその解釈である。今文と古文は、単に文字が異なるだけではない。『礼記』（今文）と『周礼《しゅらい》』（古文）のように経典そのものが異なる礼、『春秋公羊伝』（今文）と『春秋左氏伝《さしでん》』（古文）のように経典を解釈する伝《でん》が異なる春秋、というように、経そのものからその解釈・主張が大きく異なっていたのである。後漢「儒教国家」の官学は今文学であった。

「伝」とは、経を解釈する注釈である。聖人が著したとされている経、たとえば『春秋』であれば、その年表形式の簡単な歴史の記述には、聖人孔子が筆削《ひっさく》を加えたと信じられていた。その経文の意味を解釈するための注が伝なのである。左丘明《さきゅうめい》が書いた伝は左氏伝、公羊高《くようこう》のそれは公羊伝と呼ばれる。『春秋』という書名は、経だけの呼び方であるが、儒教の経典は注とともに伝わることが多かった。このため、公羊高の伝がついている『春秋』を『春秋公羊伝』と呼ぶ。伝は戦国時代（前四〇三～前二二一年）にまとめられたものが多いため、後漢では、経のみならず伝までも、その解釈が多様になっていた。そこで、経を解釈している伝を解釈するための「注」と呼ばれる注釈が書かれた。公羊伝では、後漢末の何休《かきゅう》の注が尊ばれ、左氏伝では、西晉の杜預《どよ》の注が後世に伝えられた。

かつて、儒教の国教化を献策したとされるほど、後世に影響力を持った前漢の董仲舒《とうちゅうじょ》は、春秋公羊学者である。儒学の各派は、自らの教えを漢の正統とするために、経典を増補改訂していた。公羊学派から董仲舒が現れたことは、公羊伝のそれが、最も時代に適合していたことを示す。しかし、公羊伝は安泰ではなかった。『春秋』に限定しても、武帝の曾孫《そうそん》の宣《せん》帝《てい》期には、穀梁伝《こくりょうでん》が台頭し、前漢を簒奪した王莽《おうもう》は、左氏伝に代表される古文を尊重した。これに対して、公羊学派はさらなる権力への接近方法を模索する。

そうした試みの中、漢という特定の国家だけを正統化するために生み出されたものが緯書《いしょ》である。「緯」はよこ糸という意味で、たて糸である「経」書を補うために、孔子の著した書物である、と公羊学派は唱えた。そして、実在の孔子とは無関係に多くの緯書を創作し、穀梁伝や左氏伝よりも、より直接的に漢を正統化した。ただし、王莽による前漢簒奪や後漢興隆期の群雄割拠との関わりを持ち、漢を正統化しない緯書も例外的に存在する。袁術が利用した「漢に代わる者は当塗高《とうとこう》」という予言は、本来、後漢の創始者の光武帝と争った公孫《こうそん》述《じゅつ》のために創られた緯書であった。しかし、後漢末の儒教は、緯書を典拠に強い宗教性を帯びながら、漢の支配を正統化し続けていた。漢を無視した袁術による皇帝の僭称が、袋叩きにあった理由である。その中心となる経典が『春秋公羊伝』であった。

漢を正統化する『春秋公羊伝』の解釈を今日に伝えるものが、何休（一二九〜一八二年）

の注である。宦官による知識人への弾圧である党錮《とうこ》の禁を受け、世間との交わりを断たれた何休は、学問の世界に閉じ籠《こ》もり、その漢への思いを『春秋公羊伝』の注である『春秋公羊伝解詁《しゅんじゅうくようでんかいこ》』に書き綴《つづ》った。『春秋公羊伝』は、哀公《あいこう》十四（前四八一）年に終わる。その年に孔子が獲麟《かくりん》（麒麟《きりん》が捕らえられた事件）により、自らの天命を知ったことを重視するためである。麒麟は、鳳凰《ほうおう》などと並ぶ聖獣で、本来、聖王の政治が行われた場合に瑞祥《ずいしょう》として現れる。ところが、哀公という聖王にはほど遠い君主の乱れた世に、時ならずして麒麟が現れ、しかも麒麟は死に、何の動物か分からなかったため、博学で有名な孔子にこれを告げる者があった、というのである。『春秋公羊伝』の経・伝、そして何休の注を掲げてみよう。

〔経〕十有四年春、西狩獲麟。（〔哀公〕十四年の春、西方で狩りをして麒麟を獲《え》た）

この九文字の経文を説明するために、延々と伝が続く。伝では、麒麟は本来、中国の動物ではなく、これは異《い》（災異）である。誰が狩りをしたのか、薪《たきぎ》取りである、などの議論が続いた後、麒麟の死を聞いた孔子の姿が描かれる。

〔伝〕（孔子は）袖《そで》を返して顔をぬぐい、涙が袍《ほう》（えり）をぬらした。

〔注〕袍とは、衣の前の襟《えり》である。孔子は以前から緯書を調べ、庶民出身の聖人劉季《りゅうき》(劉邦)が周《しゅう》に代わるべきことを知っていた。(そこで)薪取りが麒麟を獲たことを聞いて、(麒麟の)出現した意味が分かった。麒麟は木の精で、薪取りとは庶民が火を燃やすという意味だからである。……西方で狩りをして獲たというのは、東方から出て西方で王となることである。東方は卯《ぼう》を西方は金を表す。獲たというのは、武力行使を示す表現である。卯金刀《ぼうきんとう》なる姓の漢が、武力で天下を得ることを言っている。……孔子は、(孔子の時代から劉邦が漢を建国するまでの間、戦国時代や秦の動乱など)民があまりに長く災厄を受けることを深く憐《あわ》れんで、前もって泣いたのである。

何休によれば、獲麟は、木徳(周)→火徳(漢)の革命を象徴する。孔子は、それを緯書により予知していたという。また、「卯」は十二支の四番目で、月では二月、方位では東方を表す。「金」は五行相生説の四番目で、方位は西、季節は秋を表す。「卯+金+刀(刂、りっとう)」=劉は、漢字を分解する析字《せきじ》という方法で、緯書などの予言でよく用いられる。そして、麒麟の死に孔子が涙したのは、麒麟のためではなく、漢が成立するまでの長い時代の民の苦しみを思ってなのであるという。では、孔子は民のために泣くだけで、漢のためには何もしなかったのであろうか。

聖漢の正統性

さらに続く「獲麟」への公羊伝と何休注は、『春秋』が作られた理由に議論を進める。

〔伝〕君子はなぜ『春秋』を作ったのか。乱世を収め、これを正しきにもどすには、『春秋』より適切なものはないからである。

〔注〕……孔子は、仰いで天命を推し量り、伏して時変を察し、はるかに未来まで見通し、前もって永遠の彼方を理解して、漢が大乱の後を引き継ぐことを知ったので、乱を収めるための法を作って、漢に授けたのである。

公羊伝は、乱世を収めるものを漢とは言わない。これに対して、何休は、孔子が漢の成立を予知し、大乱を収めるための法（統治の原則）を漢に授けるため『春秋』を著したとする。そうであれば、『春秋』には、黄巾の乱への対処法も含まれているはずである。何休は、『春秋公羊伝』宣公《せんこう》十五年の注で、理想的な土地制度として井田法《せいでんほう》を施行すべきことを主張する。

孔子の残した「撥乱《はつらん》の法」（乱を収めるための統治原則）と信じたのであろう。曹操の屯田制《とんでんせい》とよく似た制度であるが、曹操は自らの制度の規範を『礼記《らいき》』王制篇《おうせい》に求めた。後漢の衰退と滅亡は、「漢の経」である公羊学の普及と展開を困難にしていたのである。それでも、何休は祈るように、孔子と漢との関係を説き続ける。

〔伝〕（孔子は）春秋の義を制して、後世の聖人を待った。

〔注〕聖漢が王となって、『春秋』を法とすることを待ったのである。

公羊伝は、後世の聖人も、漢であるとは明言しない。これに対して、何休の注は、「聖漢」が王となることを孔子が待ち望んでいた、と明記する。無冠ではあるが、真の王者である「素王《そおう》」孔子が、後世の聖漢のために、真の王者たるものの法を『春秋』において指し示す。何休に代表される公羊学派の「孔子素王説」は、後漢末の混乱期においても「聖漢」の正統性を主張し続けていたのである。

後漢末から三国時代の名士は、必須の教養として『春秋公羊伝』などの儒教経典を修めていた。孔子に守られていた「聖漢」を打倒するため、黄巾が「中黄太乙」という黄老思想に基づく天を掲げた理由である。漢を無視して、皇帝に即位するためには、儒教による「聖漢」の呪縛を打倒する必要があった。それを怠った袁術の帝位は、もろくも潰《つい》えたのである。

4　袁紹の限界

優柔不断な名家の御曹司

『演義』に描かれる袁紹《えんしょう》は、優柔不断な名家の御曹司であるが、その人物像は『三国志』と大きな差異はない。袁術が敗れた後も、袁紹は順調に勢力を拡大していた。建安《けんあん》四（一九九）年には、幽州《ゆうしゅう》に拠る公孫瓚を滅ぼし、河北《かほく》四州を支配する。一方、曹操は、建安元（一九六）年に献帝《けんてい》を擁立して以来、天下に号令する地位を得ていた。建安四（一九九）年より建安五（二〇〇）年、両者の天下分け目の戦いが行われる。関羽が活躍する白馬《はくば》の戦い、袁紹が敗退する官渡《かんと》の戦いである。

白馬の戦いの直前、腹背に敵を持つことを嫌った曹操は、袁紹の優柔不断を見越して、袁紹を捨て置き、自ら大軍を率いて劉備を徐州《じょしゅう》に征討する。不意を衝かれた劉備は、孫乾《そんけん》を使者として袁紹に救援を求めるが、袁紹は末っ子の病気を理由に出兵しない。袁紹の軍師である田豊《でんぽう》は、杖《つえ》で地面を叩き、「かかる好機にめぐり合いながら、赤子の病気ぐらいで、せっかくの機会を逃すとは。ああ大勢は去った。惜しいことだ、惜しいことだ」と地団駄を踏む。

毛宗崗は、第二十四回の総評で、

　天下を狙う者は、家を顧みない。劉備はむかし呂布に敗れると、妻子を棄てて顧みず、いま曹操に敗れると、また妻子を棄てて顧みなかった。高祖劉邦が呂后を項羽に委ねたことと、まさに同じである。かの袁紹は、家への情が重く、子どもに恋々としており、どうして大事をなすことができようか。

と劉備に比較しながら、袁紹を批判している。

この場面の前半、曹操が袁紹の優柔不断を見抜いて劉備を征伐することは、『三国志』武帝紀、および裴注に引く『傅子《ふし》』に基づく。また、後半の子どもの病気を理由に出兵しなかったことは、『三国志』袁紹伝に見える。優柔不断であったとすることは、史書も同じなのである。しかし、史書は、『演義』に描かれない袁紹の優れた点も伝えている。

名士の意見を尊重

袁紹は、「四世三公」と称えられた「汝南《じょなん》の袁氏」の出身である。しかも、嫡子の袁術が、家柄を笠に着て驕り高ぶったことに対して、庶子の袁紹は、よく人に遜《へりくだ》り、その意見を尊重したので、多くの名士を配下に集めた。荀彧《じゅんいく》も郭嘉《かくか》も、初めは袁紹に従っていた。

戦略にも誤りはなかった。袁紹は、黄河より南にある汝南郡を故郷とするが、あえて河北（黄河の北）を拠点とした。これは後漢を建国した光武帝劉秀《こうぶていりゅうしゅう》の戦略を踏襲したものである。「幽州突騎《ゆうしゅうとつき》」と呼ばれる烏桓族《うがんぞく》の騎兵を備える幽州、「冀州強弩《きしゅうきょうど》」と呼ばれる、騎兵に対抗できる弩兵《どへい》（弓より大型な弩を主力兵器とする歩兵）を主力とする冀州のほか、幷州《へいしゅう》にも多くの非漢民族が居住する河北は、強力な兵馬を整えられる軍事拠点であった。また、黄巾の乱の被害も少なく、十分な兵糧を供給できる経済力も持っていた。最も異民族が多い涼州《りょうしゅう》を背後に持つ軍事拠点の長安が、すでに董卓に占領されている以上、冀州を足掛かりに河北を基盤とし、天下を統一するという袁紹の戦略は、まさしく王道であった。ただし、それは誰もが考えつく凡庸な策でもあった。

袁紹に仕えながら、その才能に見切りをつけ、曹操に仕え直した荀彧は、天下分け目の官渡の戦いの際に、二人を次のように比較している。

袁紹は鷹揚《おうよう》に構えているが猜疑《さいぎ》心が強く部下の心を疑うが、曹公は適材適所である（①度量）。袁紹は優柔不断で謀略を用いる機会を逃すが、曹公は決断力に富む（②謀略）。

袁紹は軍令を行き渡らせず兵力を使いこなせないが、曹公は信賞必罰なので兵士が死ぬ気で戦う（③武略）。袁紹は名門を鼻にかけ教養をひけらかして評判ばかり気にするが、曹公は質素に振る舞い功績を挙げたものに賞を惜しまない（④徳行）。この四点に勝る曹公が、天子を奉じて正義の戦いを起こすのであるから、袁紹に負けるはずはない。

（『三国志』荀彧伝）

食糧不足に苦しみ、官渡からの撤退を考える曹操を、荀彧はこう励ましたという。

歴史は勝者の記録である。したがって、荀彧の分析によれば、袁紹は、①唯才主義の人事を行わず、②決断力に欠け、③法術主義を採らず、④議論ばかり好む能無しを集めたことになり、官渡で敗退したことも必然に思える。しかし、敗者の側から歴史を見れば、平時であれば称えられたはずの、袁紹の安定性、悪く言えば凡庸さが見えてくる。

袁紹は、①名士の意向を尊重する人事を行い、②名士の意見を広く聞き、③儒教に従い、④名士の名声を尊重したのである。平時であれば立派な君主と言えよう。その証拠に、袁紹の支配は安定し、曹操も当初、袁紹の弟分として自己の勢力を拡大していた。官渡の戦いの後に、曹操の部下からの袁紹への降服文書が多数発見されたように、曹操陣営の中でも、袁紹の勝利を予想する者は少なくなかった。

しかし、袁紹は敗退した。時代が袁紹を必要としなかったのである。求められていたのは、漢が四百年に及ぶ支配により形成した巨大な価値観が、董卓によって破壊された後、新しい時代の価値観を創り上げる者である。それは、後漢「儒教国家」の支配方法をそのまま継承していた袁紹には不可能なことであった。

寛治の限界

荀彧と同じく袁紹から曹操に仕え直した郭嘉は、曹操と比較しながら袁紹を批判するなかで、後漢末の政治が「寛《かん》」に過ぎて行き詰まったにも拘らず、袁紹は寛治による支配を繰り返して失敗している、と分析する。寛治は、後漢「儒教国家」の特徴的な支配である。

儒教を国家の支配理念としていない前漢武帝期に行われた法治は、官僚が法律を厳しく適用して豪族を弾圧する支配であるが、豪族の抵抗を受け、やがて行き詰まり、王莽による前漢の簒奪の一因となった。そこで後漢「儒教国家」を確立した章帝《しょうてい》は、寛治を推進した。

寛治は、郷里社会で大土地所有を行うことで大きな勢力を持っている豪族を弾圧せずに利用する支配である。後漢では、人口三十万人程度の郡《ぐん》を支配する郡太守《たいしゅ》に、一年に一名ずつ、キャリア官僚のスタートラインである郎《ろう》に就く者を察挙《さっきょ》（推薦）させる官僚登用制度を採っていた。これを郷挙里選《きょうきょりせん》という。寛治は、この制度を利用し、豪族の規制力を郡への支配に利用する統治方法である。郷挙里選では、儒教の徳目である「清《せい》」「廉《れん》」「仁《じん》」「孝《こう》」といった名声を持つ者を察挙する。たとえば、国家の課税が農民を苦しめた時、その一部を豪族が負担する。すると豪族は、民の苦しみを救う「仁」に基づき、自らの財産を与える「清」を体現したことになる。郡守は、税を負担した豪族を郷挙里選で察挙することで、そうした方向へ豪族を誘導するとともに、郡への課税を漏れなく集め、民を労《いたわ》る。これが寛治である。あるいは、郡府（郡の役所）の属吏《ぞくり》は、大部分が豪族の出身である。そこで、郡太守は、属吏をなるべく罰せず、属吏を輩出している豪族の意向に沿った政治に努めていく。これも寛治である。このような寛治は、豪族に歓迎され、儒教を深く浸透させることに力があった。しかし、外戚《がいせき》・宦官《かんがん》が一族や関係者で郷挙里選を独占していくと、寛治は機能しなくなり、法を厳格に適用しない寛《ゆる》やかさは、賄賂《わいろ》の横行を招いた。後漢末の党錮《とうこ》の禁《きん》は、この弊害を除こうとした知識人が宦官に弾圧された事件であった。

名士と君主権力

袁紹の支配は、崩壊した後漢の寛治を工夫なく継承したものと考えてよい。人に遜り、名士の献策をよく聞く態度も、寛治の延長線上にある。しかし、戦乱の世において、人の意見をすべて受け入れることは、優柔不断のそしりを受けかねない。

しかも、袁紹に仕えた名士は、河北《かほく》と河南《かなん》に出身地が二分される。袁紹がすでに領有している河北出身の名士は、決戦を避けて安定的な統治を優先すべしとし、河南出身の名士は、河南を支配する曹操との決戦を主張することが多かった。両者の意見をともに聞けば、身動きがとれない。名士を幕下に持たなければ支配は安定しない。しかし、名士の意見に一方的に従い、自己の決断を下さなかった袁紹は、君主権力を確立できなかった。最大の勢力を誇った袁紹の敗退は、名士の主張のみに従った場合には君主権力が確立せず、軍事的に敗退することを示すのである。

官渡の戦いより以前、袁紹に敵対した公孫瓚は、袁紹とは対照的な名士政策を採っていた。公孫瓚は、支配地域内の名士を抑圧して高い地位には就けなかったのである。公孫瓚はその理由を「名士を優遇しても、かれらは自分の力によって高い地位に就いたと考え、自分への忠誠心を抱かないためである」と述べる。君主にとっての名士の問題点を的確に表現した言葉と言えよう。その一方で、公孫瓚は、軍事力を確立するため黄巾の残党を軍に組み入れたほか、烏桓《うがん》という非漢民族を主力とする「白馬義従《はくばぎじゅう》」軍を編成し、君主権力を強化した。

公孫瓚は袁紹をしばしば脅かした。確立した君主権力のもとで激しく戦う軍事力は強烈であった。しかし、最終的には公孫瓚は敗退した。名士を抑圧したため支配が安定しないことを袁紹に衝《つ》かれたのである。

袁紹や劉表のように名士を優遇した政権では、支配は安定するが君主権力は確立せずに軍事力の弱体化を招く。一方、公孫瓚や呂布のように名士を優遇しなければ、軍事力が強大であっても領域の支配は安定せず、政権は弱体化するのである。三国の諸政権を樹立した君主たちは、名士とせめぎあいながら君主権力の確立と地域支配の安定を両立することを目指していく。

第三章　「奸絶」曹操　変革者の実像

1　時代を切り開く

中常侍の養孫

日本語で「噂をすれば影」という時に、中国語では「ひそひそ話をしていると、曹操がやって来る（説着曹操、曹操就到）」という。曹操は、悪口を聞き漏らさない油断ならぬ悪役として、今も中国人の中に生きる。『演義』は「滅びの美学」を描いた文学である。漢の正統を引く劉備が建国し、神となった関羽、庶民に大人気の張飛、知識人がその忠義を仰ぐ諸葛亮が支えた蜀漢の敗北を描く物語なのである。正義の陣営がこれだけ整うと、敵役《かたきやく》がしっかりしなければ締まりがなくなる。敵役として存分の悪知恵を働かせ、かつ人間としての魅力を溢《あふ》れさせる稀代《きだい》の悪役、それが曹操である。

史書においても、呂伯奢《りよはくしや》殺害事件が次第に曹操を悪として記録するようになり、『演義』がそれを完成させ、毛宗崗本が曹操を「奸絶」と評するに至ったことはすでに述べた。したがって、毛宗崗本は、初登場の場面から、曹操を悪に描いていく。

毛宗崗本が底本とした李卓吾本までの『演義』では、曹操の出自について、すべて悪と描くわけではなかった。『三国志』武帝紀に記される、前漢劉邦《りゆうほう》の功臣である曹参《そうさん》の子孫であり、曾祖父の曹節《そうせつ》（曹萌《そうほう》）が寛厚であったという記述を採用するほか、『後漢書』曹騰伝《そうとうでん》に基づき、祖父の曹騰が費亭侯《ひていこう》となったこと、裴注に引く『曹瞞伝《そうまんでん》』に基づき、父の曹嵩《そうすう》が忠義に篤かったことを叙述している。これに対して毛宗崗本は、これらの話をすべて削除する。そして、曹嵩が夏侯《かこう》氏より異姓養子に入ったことを「冒姓《ぼうせい》（姓を冒《おか》す）」と批判する。

ここで劉備と曹操の生い立ちが語られる。一方は幼いころよりすでに偉大で、一方は幼いころよりすでに奸悪なのである。一方（の劉備）は中山靖王《ちゅうざんせいおう》の末裔《まつえい》で、もう一方（の曹操）は中常侍《ちゅうじょうじ》（宦官が就く最高位。曹騰も就いていた）の養孫である。（両者の）高低がすでに分かる。（第一回総評）

唐《とう》代以降、異姓養子は律《りつ》（刑法）により禁止されていたが、依然として明清《みんしん》時代にも続けられていた。しかし、それは悪である、という社会通念を利用して、毛宗崗本は、初登場の場面から、曹操を貶《おとし》めているのである。

乱世の奸雄

たしかに曹操は、宦官の養子の子である。ただし、毛宗崗本が強調するほど卑しい出自ではない。「四世三公」の袁紹には見劣りするが、父の曹嵩は、三公の筆頭である太尉《たいい》に至った。祖父の曹騰も、桓帝《かんてい》擁立に功績があり、宦官でありながら天下の賢人を皇帝に推挙し、広く交わりを結んだ。曹操の恩人となる橋玄《きょうげん》を見出した种暠《ちゅうこう》は、その一人である。

はじめ种暠は、曹騰に対する蜀郡太守《しょくぐんたいしゅ》の贈賄を摘発しており、曹騰の敵対者であった。曹騰に擁立された桓帝は、「曹騰はまだ賄賂を受け取っていない」として、种暠の弾劾を無効とした。种暠は、曹騰の報復を恐れたであろう。ところが曹騰は、これを意に介さず、种暠が能吏であることを称え続けた。种暠はのち司徒《しと》になると、「自分が三公になれたのは、曹《そう》常侍《じょうじ》(曹騰)のおかげである」と曹騰の恩を公言した。种暠に抜擢された橋玄は、二十歳前の曹操の出世を積極的に支援して、師の恩を曹操に返す。

橋玄は曹操を「今、天下は乱れようとしている。民を安泰に導くものは、君であろう」と評価する。そして「君にはまだ名声がない。許劭《きょしょう》と付き合うとよいであろう」と言って、許劭を訪ねさせた。許劭は、宦官の養子の子である曹操に好意的であったわけではない。しかし、三公を歴任していた橋玄の紹介を無視できなかったのであろう。曹操を「治世の能臣、乱世の奸雄《かんゆう》」と評価する。これを聞いた曹操は大いに笑った(『三国志』武帝紀注引孫盛《そんせい》『異《い》同雑語《どうざつご》』)。『演義』は、これをそのまま採用し、毛宗崗本は、「奸雄と称されて大いに喜ぶとは、まさしく本当の奸雄である」と評をつけ、曹操が自らも奸雄と認めていたことを強調する。史実としては、許劭の人物評価により、宦官の孫でありながら名士の仲間入りを承認されたことを喜んだ、と解釈することが正しい。さらに、許劭の鑑識眼の鋭さと表現の美しさに着目すると、史書の記述をより深く理解できる。

許劭は、曹操を治世と乱世で評価が変わるべき人物と考え、「乱世の奸雄」と評した。『後漢書』許劭伝は「清平の姦賊、乱世の英雄」と伝えるが、「清平」と「姦賊」、「乱世」と「英雄」がそれぞれ反対の意味となり美しくないし、英雄という評語では曹操の異才を表現しきれない。新しい時代を切り開く価値観は、すべての人々に歓迎されるわけではない。むしろ、先進的な価値を理解できる者は、ごくわずかである。官渡の戦いの際ですら、曹操陣営には自軍の勝利を信じない者がいた。大多数の一般人からは、曹操は「奸」であるが「雄」、すなわち、やり方は間違っているのに、その勢力は無視できない、と見られることになる。「奸雄」という言葉は、そうした曹操の手段と結果のアンビバレンスを見事に表現していると言えよう。

ちなみに、毛宗崗本は、大喬《だいきょう》・小喬《しょうきょう》の父を喬玄《きょうげん》（橋玄）とし、彼女たちの獲得を赤壁《せきへき》の戦いの目的の一つとする。しかし、橋玄と曹操は四十歳以上離れており、二人が橋玄の娘であれば、五十歳を超えていたはずである。『演義』が無理な設定をするのは、橋玄の曹操への好意をうまく説明できなかったからであろう。後漢を支えた大宰相の橋玄が、二十歳前の曹操に入れ込んだのは、師の种暠への恩返しのためであり、それは曹騰の遺産であった。

猛政への指向

曹操は、橋玄を自分の理想とした。橋玄は、官僚として豪族の不法を許さず、外戚・宦官と関わりを持つ者であっても、その不法行為は必ず弾劾した。また、末っ子を人質に立て籠もられた際には、躊躇する司隷校尉《しれいこうい》（首都圏長官）や洛陽令《らくようれい》（首都洛陽の県令）を叱咤《しった》して誘拐犯を攻撃、犯人もろとも末っ子を落命させている。橋玄はその足で朝廷に赴くと、「人質事件があった際には、人質を解放するために財貨を用いて悪事を拡大させないようにいたしましょう」と上奏する。当時、洛陽では人質事件が頻発していた。橋玄の断固たるこの処置により、人質事件は途絶えたという。前述のように、郭嘉《かくか》は袁紹の寛治を批判しているが、一方で曹操が寛治で弛緩《しかん》した政治を正すため、猛政《もうせい》を行っていることを高く評価する。曹操が採用した法に基づく厳格な猛政、これは橋玄から受け継いだものなのである。

こうした厳しい法の運用を行う橋玄は、代々伝わる儒教の継承者でもあった。七代前の祖先橋仁《きょうじん》は、『礼記《らいき》』（礼の理念や具体的事例を説く儒教経典）の学問を集大成している。その学問は「橋君学《きょうくんがく》」と呼ばれ、橋氏の「家学《かがく》」として継承されていた。その一方で、橋玄は、桓帝の末、鮮卑《せんぴ》・南匈奴《みなみきょうど》・高句麗《こうくり》が中国に侵入すると、西北方面の異民族対策の総司令官である度遼将軍《どりょうしょうぐん》に抜擢され、三年の間、職務に励み辺境に安定を取り戻した。代々の家学として儒教を伝え、門人に教授するほどの学識を持ちながら、戦場に出れば、鮮やかな采配を振って敵を粉砕する。さらに、内政にも通暁して三公を歴任した橋玄は、まさに「入りては相、出でては将」と言われる理想的な「儒将《じゅしょう》」である。「矛を横たえて詩を賦《ふ》した」とされる曹操は、突如現れた異端児ではない。自らを引き立ててくれた橋玄を理想とし、それに追いつき追い越そうと努力を重ねて、自らの姿を作り上げていくのである。

のちに曹操は、橋玄の墓を通り過ぎると、最高の供物を捧げて橋玄を祭っている。

もとの太尉の橋公は、立派な徳と高い道を持ち、広く愛して広く受け入れた。操《わたし》は若年のころ、室内に招き入れられ、君子（橋公）に受け入れられた。（操が）栄達して注目を浴びたのは、すべて（橋公が）薦め励ましてくれたからである。かつて、橋公と約束をしたことがある。橋公は、「玄《わたし》が没した後、玄の墓を通り過ぎることがあれば、一斗の酒と二羽の鶏を持って地に酒を注がなければ、車が墓を離れる時に、（君の）お腹が痛んでも怨《うら》まないように」と言われた。親しい間柄でなければ、どうしてこのような言葉が述べられようか。今でも操は、むかしを思い出して（橋公の操への）愛顧を思い、悲しみ悼《いた》む。わずかばかりの粗末な供物を捧げよう。橋公よ、これを受けてほしい。

(『三国志』武帝紀注)

文学者曹操の、橋玄への思いを今に伝える名文である。

橋玄の紹介を受け、許劭より「乱世の奸雄」という人物評価を得た曹操は、その名声に基づき名士社会に参入した。何顒《かぎよう》を中心とする名士集団である。何顒もまた異才の人であった。そのグループ内に、袁紹・荀彧《じゆんいく》・許攸《きよゆう》・曹操という、官渡の戦いを決する人々すべてを抱え、曹操を「天下を安んずる者」、宦官の一族との婚姻により評判を落としていた荀彧を「王佐の才」と高く評価した。その際、袁紹は、年長の何顒から「奔走の友」と同格に評されており、二人とは扱いが異なる。袁紹の名声の高さを理解できよう。

反董卓連合が形成されると、曹操は袁紹から行奮武将軍《こうふんぶしようぐん》(「行」は代行の意)に任命される。荀彧も許攸も袁紹の配下となったように、誰もが袁紹を仰ぎ見る中で、鮑信《ほうしん》と弟の鮑韜《ほうとう》は曹操の異才に気づき、「戦乱を収める者は君だ」と曹操に接近した。

袁紹が董卓と戦わない中、曹操は洛陽への進撃を唱え、董卓の中郎将《ちゆうろうしよう》の徐栄《じよえい》と戦い、鮑韜ほか多数の死者を出して敗退する。兵を失った曹操は、袁紹軍に合流する他なかった。しかし、敗れたとはいえ、漢の復興のため董卓と戦ったことで、曹操の大義名分は際立った。これがのちに、献帝《けんてい》を擁立する正統性を支えることになり、また漢の護持を志す名士に曹操の存在を知らしめたのである。

青州兵

河北《かほく》を制圧していく袁紹を見て、鮑信は黄巾の盛んな河南《かなん》に出ることを勧める。袁紹の許可のもと河南に出て、兗州牧《えんしゅうぼく》となった曹操は、青州《せいしゅう》の黄巾と激しく戦い、鮑信を失った。すでに見たように、裴注には、黄巾から曹操への降服要求書も残されている。ところが、曹操は、黄巾と盟約を結び、兵三十万・民百万を帰順させた。この中から精鋭を集めたものが、曹操の軍事的基盤となった青州兵である。

黄巾との盟約内容は、裴注にも明記されない。教法と同様、五斗米道《ごとべいどう》により類推しよう。すでに述べたように、のちに曹操に降服する五斗米道は、曹操を「真君《しんくん》」と呼び、曹操の死後は曹丕《そうひ》を真君と位置づけた。すなわち、曹操は、儒教に対抗するために五斗米道の信仰と集団を保護し、五斗米道はそれに応え、儒教に守られている漢を滅ぼし、新たな国家を樹立する際の宗教的正統性を保証しようとしたのである。

呂布《りょふ》は曹操と戦った際、騎兵で青州兵を攻撃し、曹操軍を破ったことがある（『三国志』武帝紀）。青州兵は、呂布から見ても、それと分かるような集団を維持しており、青州兵の敗退が曹操の敗北に直結するような軍事的基盤であったことを理解できる。また、曹丕が即位すると、青州兵は引き鐘を鳴らしながら故郷に帰ったが、曹丕はそれを咎《とが》めなかったという。これらの断片的な記録と五斗米道からの類推により、曹操が青州黄巾に対して、かれらの信仰と集団の維持を容認し、曹操のみに従い、その天下統一に協力させる密約を結んだと考えることは許されよう。

こうして曹操は、あえて黄巾の勢力が強い河南に出ることにより、自らの軍事的基盤を確立し得たのである。青州兵を得たことは、直後に程昱《ていいく》が参入するなど、曹操への期待を高めた。ここに荀彧が加入する。名士本流の荀彧が袁紹を見限って曹操に従ったことは、多くの名士が集団に参加する契機となっていく。

2 三つの基盤

献帝への無礼

青州兵を軍事的基盤と成し得た曹操は、こののち経済的基盤となる屯田制《とんでんせい》を始め、自らの正統性を確立するため献帝を擁立する。これら三つの曹操の基盤のうち、前二者に『演義』は触れない。唯一、曹操が漢の実権を奪い、献帝を圧迫する姿だけを描き続けていく。

呂布に徐州を奪われた劉備が曹操に身を寄せると、曹操への対抗手段を得た献帝は、劉備を大歓迎する。漢帝室の系図を読み上げさせた献帝は、劉備を自分の叔父として皇叔《こうしゅく》と呼んだ。曹操は面白くない。ある日、献帝の狩りに同行した曹操は、天子の弓矢を取り上げて鹿を射る。万歳を唱える臣下の慶賀を、天子を遮《さえぎ》って自分が受けた。臣下が顔色を変える、それを監視するのである。これに最も憤った者は献帝であった。悲憤慷慨《ひふんこうがい》した献帝は、皇后の父である伏完《ふくかん》と相談し、曹操誅伐《ちゅうばつ》を命じた密詔を縫い込んだ玉帯を車騎将軍《しゃきしょうぐん》の董承《とうじょう》に下賜した。董承は、王子服《おうじふく》・馬騰《ばとう》などの同志を集め、血盟を結ぶ。

劉備も見咎められた。万歳を受ける曹操に、関羽が斬りかかろうとしたのである。慌ててこれを抑えた劉備は、曹操の弓の腕前を褒めた。董承より密詔を見せられ、血盟に加わってからは、畑仕事に精を出して韜晦《とうかい》に努める。度が過ぎたのであろう。曹操に呼び出された劉備は、「天下の英雄は、君とわたしだけだ」と探りを入れられる。あっと驚いた劉備は、思わず箸《はし》を落とすが、たまたま響いた雷鳴にかこつけ、その場をごまかすことができた。

翌日、劉備は袁術を討つことを名目に曹操から離れ、袁術を憤死させると、そのまま徐州に居すわった。曹操からの報復を恐れる劉備は、大学者の鄭玄《じょうげん》のとりなしで袁紹に救援を求め、袁紹は曹操討伐の兵を挙げる。官渡の戦いに向けた両雄の対決が始まるのである。

『演義』はこのように、曹操の献帝への対応を悪意にのみ描く。曹操がその遺言においても、遺される女性の身の振り方を細かく指示しながらも、献帝から禅譲《ぜんじょう》を受けよとは命じなかったことについて、毛宗崗本第七十八回総評は、曹操の「偽」を強調する。

臨終の遺命《いめい》は、禅譲よりも大事なことはない。それなのに家の者や婢妾《ひしょう》の身の振り方については詳しく言い渡しながら、禅譲の事は何一つ口にせず、後世の人々に、自分は国を簒奪《さんだつ》する心がないのだと信じ込ませ、子孫は悪名を蒙《こうむ》るけれども、自分はそうならないように避けようとしたのである。……曹操はまことに奸雄の最たるものである。曹操の生涯には真実などなく、死に及んでもなお偽りであったことは、（禅譲を隠すために言い遺した夫人や妾に）香を分け履《くつ》を売れとした遺言がまさにそれである。

たしかに曹操が創り上げた漢を簒奪するマニュアルは、「魏武《ぎぶ》（魏の武帝と追尊された曹操）の故事」と呼ばれて、中国における禅譲のモデルとなった。しかし、準備は万端に整えたものの、曹操自身が漢を簒奪しなかったことは事実である。また、史実から言えば、献帝の擁立も英断であった。

献帝擁立

話は父曹嵩《そうすう》の死に遡る。これまで袁紹の勢力の及ばなかった河南の兗州《えんしゅう》に曹操が進出すると、袁術は曹操を攻撃する。迎え撃つ曹操は、匡亭《きょうてい》の戦いで袁術を大破し、九江《きゅうこう》まで追い詰めた。これに対して、徐州牧《じょしゅうぼく》の陶謙《とうけん》が、曹嵩を殺して報復する。徐州を劉備に譲ったため、『演義』ではよく書かれる陶謙であるが、史実では、名士を弾圧して商人を厚遇するなど、公孫瓚と同質の政権構造を有する袁術派であった。

文学者としても名を残す曹操は、感情が豊かで、父の死に冷静な判断などできなかった。復讐のため徐州に侵攻、民をも含めた大虐殺を行っていく。これは曹操生涯の汚点となり、また名士の失望を招いた。焦った曹操は、虐殺を批判した兗州名士の長老辺譲《へんじょう》を殺害する。完全な逆効果であった。第二次徐州遠征の隙をつき、兗州名士の陳宮《ちんきゅう》は、曹操の旧友張邈《ちょうばく》とともに、呂布《りょふ》を引き入れ兗州で反乱を起こす。この曹操最大の危機に、拠点を死守した者が、荀彧・程昱と夏侯惇《かこうとん》であった。一年あまりをかけて兗州を回復した曹操に、荀彧が正統性の回復の切り札として提案したこと、それが献帝の擁立である。

同じころ、袁紹は献帝を擁立するようにとの沮授《そじゅ》の献策を却下していた。自らが擁立した皇帝を殺害することは、義帝《ぎてい》を殺害した項羽《こうう》が圧倒的な強さを持ちながら、やがて劉邦に敗れたように、自滅を招くからである。そのため曹操は、自分の代には漢を滅ぼせなくなった。それを承知のうえで、なお荀彧の進言に従ったのは、徐州での虐殺の汚名返上のため、そして新たな拠点の維持のための英断であった。曹操は、荀彧の勧めに従い、豫州潁川郡《よしゅうえいせん》（荀彧の出身地）の許県《きょ》に拠点を遷すとともに、董卓の部下、李傕《りかく》と郭汜《かくし》の争いから逃れ、洛陽に帰還した献帝を迎える。曹操はこれにより、漢の復興を大義名分として掲げ、名士の支持を回復することができた。

屯田制

拠点を豫州に遷《うつ》した曹操は、権力の基盤である農民支配を確立するため、許の周辺で屯田《とんでん》制《せい》を開始する。曹操までの屯田制は、兵糧を確保するため、駐屯地で軍隊が戦闘時以外に耕作を行う軍屯《ぐんとん》であった。軍屯は、中国の各時代のみならず世界各地で行われている。これに対して、曹操は、軍屯だけではなく、一般の農民に土地を与える民屯《みんとん》を行った。これが、隋《ずい》唐《とう》の均田制《きんでんせい》の直接的な源流となる新しい制度であり、曹操の死後も財政を支え続ける。

これまでも、豪族の大土地所有により土地を失った農民が流民化し、社会が不安定になったことに対し、土地の所有を等しくしようとする政策は、何回か試みられてきた。しかし、それらはすべて失敗している。周の井田制《せいでんせい》をモデルとする、前漢の哀帝《あいてい》の限田制、新の王莽《おうもう》の王田制などがそれである。いずれも豪族の大土地所有を制限し、その土地を貧民に分配しようとするものであった。しかし、支配領域の有力者を殺して財産を分配すれば、統治が流動化する可能性があり、そもそも殺せる保証もない。

そこで曹操は、豪族や名士の持つ大土地には手をつけず、戦乱で荒廃し放棄された土地を整備して流民を呼び寄せ、種籾《たねもみ》を与え、耕牛《こうぎゅう》を貸して、かれら自身に稼がせ、その収穫の六割を税として徴収した。社会が不安定である理由は、大土地所有者がいるためではない。流民が生活できないからである。かれらが安定した資産を持てば、共産主義のような平等は必要ない。これが曹操の時代を創造する新しさである。

こうして曹操は、献帝という政治的正統性、青州兵という軍事的基盤、屯田制という経済的基盤を揃え、天下分け目の戦いに赴く。建安五（二〇〇）年、官渡の戦いである。官渡の戦いでは、何顒グループの許攸がもたらした烏巣《うそう》急襲策を採用して勝利を納めた。『演義』は、曹操の勝因を許攸の寝返りと袁紹の優柔不断に求める。それは史書にも記される。ただし、それだけではあるまい。時代が曹操の勝利を求めていたのである。

袁紹が勝ち、天下を統一しても、漢に代わる次代を切り開く国家を創ることはできなかったであろう。漢の統治システムの限界を打破する屯田制や青州兵などの政策を果敢に推進していたからこそ、勝利の女神、中国史ではそれを「天」、あるいは「天命」と表現するが、天は曹操に微笑《ほほえ》んだのである。それではなぜ、赤壁の戦いでは敗れたのか。それはのちほど、勝利を収めた諸葛亮・魯肅の戦略を分析することによって明らかにしていこう。

3　赤壁の戦い

二喬を東南にとる

『演義』は、曹操の二つの大戦を対照的に扱う。曹操が勝った官渡の戦いの記述では、関羽の活躍に虚構を含むが、曹操の行動は史実に近い。虚構を創作してまで、曹操の見事さを示す必要はないからである。これに対して、赤壁の戦いでは、曹操の敗因として「二喬」への執着を印象づける虚構を用いる。とりわけ、毛宗崗本は、女性の美を「色」とする儒教の理念を踏まえ、奸雄曹操が、女性の美に敗れる場面を描く。曹操の好色が周瑜に戦いを決意させたとし、「好色」ゆえの敗退と理由づけるのである。

呉との同盟を目指す諸葛亮は、魯粛《ろしゅく》の案内で周瑜を訪ねた。周瑜は、曹操との戦いを望む諸葛亮を牽制《けんせい》して、わざと、降服すべきだと主張する。意外にも諸葛亮はそれに同調する。「わたしに一計があります。ただ二人を贈れば事は済むのです。曹操がこの二人を手に入れれば、百万の軍勢は引き揚げるでしょう」と応じた。「誰と誰をやればよいのか」。周瑜が尋ねると、諸葛亮は言った。「わたしが隆中《りゅうちゅう》におりました時、曹操は銅雀台《どうじゃくだい》という豪華な台《うてな》を築き、天下の美女を択《え》りすぐり蓄えていると聞きました。かれは色好みゆえ、かねて江東《こうとう》の喬公《きょうこう》に、大喬《だいきょう》・小喬《しょうきょう》という二人の娘があり、月も光を消し花も恥じらう美しさと聞いて、『一つには四海を平らげ帝業を立て、二つには江東の二喬を得て銅雀台に置き、晩年の楽しみとできれば、死んでも思い残すことはない』と申したとか。かれがいま百万の軍勢を率いて江東に攻め込んだのは、この二人を手に入れるためでしょう。将軍はこの喬公とやらを探し出し、千金でその娘を買いとり、曹操に贈られると宜《よろ》しい。曹操も満足して軍勢を退《ひ》き上げるでしょう」。（第四十四回）

自分の妻（小喬。大喬は孫策の妻）が狙われていると聞いて、にわかに信じられない周瑜は、諸葛亮に曹操が二喬を戦いの目的にしている証拠を示せと迫る。諸葛亮は、曹操の三男曹植《そうち》の「銅雀台の賦《ふ》」の中に、それが歌われている、と言って賦を暗唱してみせる。

曹植が著した「銅雀台の賦」は、『三国志』陳思《ちんし》王植《おうち》伝《でん》の注に引く陰澹《いんせん》の『魏紀《ぎき》』に伝わっている。『演義』はそれを利用しながら、原作を改変する。曹操が二喬を奪いに来たとする諸葛亮の論拠とされている「攬二喬於東南兮、楽朝夕之与共（二喬〔大喬・小喬〕を東南の地から攬《と》り、朝夕これと共に楽しみたい）」は、曹植の原作にはない。しかも、毛宗崗本までの『演義』は、この部分を「挟二橋於東南兮、若長空之蝃蝀（二つの橋を東南に挟むこと、長空の蝃蝀《にじ》のようである)」としていた。より直截的な表現にすることで、毛宗崗本は、曹操が赤壁で好色のために敗れた、という教訓的敗因を入れようとしているのである。

『孫子』研究の第一人者

曹操にとって天下分け目の戦いは官渡の戦いであった。赤壁の戦いで大打撃を被った印象を受けるが、曹操は「赤壁では疫病が流行《はや》って死者が多くなったので兵を退《ひ》いた」と敗戦後も言い続けた。むろん、負け惜しみであり、天下統一が赤壁の敗戦で頓挫《とんざ》したことは事実である。敗因は、慣れない水戦と油断にあろう。

曹操、というよりも、それまでの中国史では、戦いは騎兵を切り札とする陸戦で決するものであった。長江流域の勢力が、黄河を支配した勢力を水戦で破ったことは、赤壁の戦いを始まりとする。華北を中心とした黄巾の乱、および折からの地球規模での気候変動による寒冷化は、長江流域の人口を増加させていた。長江中下流域を支配する孫呉、上流域を支配する蜀漢が、曹魏に対抗して三国鼎立《ていりつ》を実現し得た地球環境上の理由である。諸葛亮と魯肅は、かかる中国史上の大きな変革期に適合した戦略として、目的と手段は異なれど「天下三分」の戦略を掲げるのである。

また、後に劉備が支配する益州からは、劉璋《りゅうしょう》が曹操に恭順の意を示すため軍隊を派遣していた。荊州《けいしゅう》を支配していた劉表《りゅうひょう》の水軍が曹操に降服しただけではなく、孫権の一族からも内応者が出ていた。圧倒的に優勢な状況の中で、曹操に油断がなかったと言えば嘘になろう。その証拠に、曹操は赤壁の戦いに火攻めで敗れている。自らが研究し、注釈をつけた『孫子』が深く警戒すべきとしている戦法である。

『演義』では、蜀の使者張松《ちょうしょう》に、曹操の才能を誇るため、楊脩《ようしゅう》が書物を見せる。全十三篇、用兵の肝要な方法をすべて述べてあるという。「これは丞相《じょうしょう》(曹操)が、古《いにしえ》のことを参考にしながら現在を基準とし、『孫子』十三篇にならって著されたものである」と、楊脩は紹介する。これが『演義』の創作した『孟徳新書《もうとくしんしょ》』である。史実でも、曹操は『孫子』『呉子《ごし》』の兵法に基づき自ら兵書を著し、配下の諸将が曹操の「新書」を規範と仰いで各地を転戦した。この「新書」の名は『兵書接要《へいしょせつよう》』というが、すでに散逸している。『演義』は、孟徳(曹操の字)が著した「新書」であるから『孟徳新書』と名付けたのであろう。

君主個人の兵学研究の成果を軍の幹部に持たせ、統一的な作戦行動をとらせたという例は、中国史上、曹操以外には見出せない。たとえば、張遼《ちょうりょう》が呉と戦った時のように、曹操軍が曹操なしでも強力であった理由は、『兵書接要』を将軍が持ち歩き、学んだ結果である。そして、『兵書接要』の背後には、曹操の兵学家としての研鑽《けんさん》があり、その成果は『孫子』注として今日に伝わっている。

曹操は『孫子』注の序文に、自分はこれまで数多くの兵書を博覧したが、孫武の『孫子』が最も優れている、と記す。そして、『孫子』の兵法の極意は、緻密《ちみつ》な計算の後に慎重に軍を挙げ、錯綜《さくそう》した状況を明察・深謀するところにある。あやふやな知識で軍事を語るべきではないので、これまでの注を退けて自分が注を作る、と執筆動機を述べている。その言葉どおり、曹操の『孫子』注は、最善の解釈として、こののち『孫子』を読む者が必ず参照する書籍となった。それほどまでの兵学者としての力を曹操は持っているのである。

それにも拘らず、曹操は敗れた。地球規模の寒冷化が、ゲルマン民族や五胡《ごこ》を南下させ、ローマ帝国や漢帝国の分裂を招く、という「世界史」の流れに敢然と立ち向かった曹操であったが、ここで戦略の建て直しを余儀なくされる。

漢魏革命に向けて

赤壁の戦いの後、曹操は、故郷の譙《しょう》県で水軍を整え、合肥《ごうひ》に軍を進め、芍陂《しゃくひ》に大規模な屯田を開いた。孫権への防御拠点となる合肥を固めたのである。江東を制圧するためには、長江の制水権がどうしても必要となる。そのための準備である。一方で、失墜した威信を回復するため、関中《かんちゅう》の平定に向かう。渭水《いすい》の戦いである。渭水を挟んで関中軍と対峙《たいじ》した曹操は、賈詡《かく》の離間策により韓遂《かんすい》と馬超《ばちょう》との仲を裂き、完勝を収めた。これにより曹操は、赤壁での敗戦を払拭《ふっしょく》して、軍事的には威信を回復することができた。

敗戦による混乱を収束させた曹操は、大局的な戦略を練り直す。天下の統一よりも、君主権力の強化と後漢に代わる曹魏の建国（漢魏革命）を優先するのである。儒教が正統化している漢を滅ぼすことは、天下の統一にも増して困難が予想される。荀彧ら名士の価値基準の根底には、漢を守ろうとする儒教が置かれていたからである。したがって、この後、曹操と荀彧との関係は、急速に悪化する。董昭《とうしょう》から曹操を魏公《ぎこう》に推薦する相談を受けた荀彧が、儒教理念を掲げてこれを非難すると、両者の対立は決定的となった。やがて、荀彧は死に追いやられる。

荀彧は、寛治の袁紹を見限って仕え直したように、猛政を推進し、青州兵を編成し、屯田制を施行する曹操の先進性を高く評価していた。自らもまた、曹操の勢力拡大に積極的に取り組んだ。官渡の戦いでは、荀彧の情報収集とその分析が大きな勝因となった。しかし、漢への対応は、明確に分かれた。荀彧は、儒教が正統視する聖漢に殉死したかに見える。

荀彧は、「子房（張良）」に準《なぞら》えられたためか、曹操への献策時に、曹操を劉邦にたとえて献策することが多かった。そうした際、荀彧は、献帝を義帝《ぎてい》に置き換えている。義帝とは、秦《しん》に反乱を起こした項羽《こうう》と劉邦が、とりあえず擁立して自らの正統化に利用した皇帝で、やがて項羽により殺される。その義帝に献帝をたとえることは、曹操の正統化のため、とりあえず献帝を擁立する、と荀彧が考えていたことを示す。『後漢書』荀彧伝のように、荀彧を漢の忠臣と位置づけることは難しいのである。たしかに最後は、魏の建国を阻《はば》もうとし、殺害されている。しかし、荀彧が最初から最後まで漢の忠臣であり続けたとは言えないのである。では、漢のためでなければ、荀彧はなぜ死ななければならなかったのであろうか。

結論から言えば、曹操と荀彧の目指す国家像が異なってきたからである。荀彧が求めたものは、名士の価値観の中心である儒教に基づき運用される「儒教国家」の再建であった。だからこそ、漢の復興を基本方針として掲げた。しかし、その漢は果たして次代を担う「儒教国家」たり得るのか。そうした基本方針のブレは、荀彧が抱え続けた苦しみであった。あくまでも漢の復興という理念に殉じていった諸葛亮と比べると、現実に適応しようとした荀彧の辛さはいっそう際立つ。曹操は、弛緩してしまった後漢「儒教国家」の単純な復興ではなく、儒教に拘《こだわ》らず、自分の君主権力を確立できる新たなる国家を目指した。そのため荀彧を殺害することで、儒教が守る漢を打倒し得る君主権力の強さを示したのである。

君主にとって功臣の処遇ほど難しいものはない。前漢の劉邦の武将として項羽を破り、背水の陣を布いたことでも有名な韓信《かんしん》は、謀叛の疑いをかけられると「狡兎《こうと》死して走狗《そうく》烹《に》らる（狡賢《ずるがしこ》い兎が死ぬと猟犬は不要になって煮られてしまう）」という春秋時代の范蠡《はんれい》の言葉を借りて、自分の立場を表現した。天下統一のためには必要不可欠であった功臣の強大な力は、統一後はかえって不安材料になる。中国史上、天下統一の後に功臣を粛清しなかった皇帝は、後漢の光武帝《こうぶてい》劉秀《りゅうしゅう》と北宋の太祖《たいそ》趙匡胤《ちょうきょういん》だけである。しかも、曹操はいまだ天下統一の途上であった。荀彧殺害により生ずる臣下の動揺を防がねばなるまい。凡庸な君主であれば、荀彧の近親者の抜擢や荀彧の価値観の継承といった懐柔策を弄《ろう》する。

ところが曹操は、荀彧およびその後継の名士たちが掲げていた、漢を正統化している儒教を、新しい価値観を提示することにより相対化せんとした。懐柔策ではなく、さらに対峙性を鮮明に打ち出したのである。荀彧を死に追い込む二年前、曹操はすでに人材登用の方針として唯才《ゆいさい》主義を掲げていた。「廉潔な人物ではなく、陳平《ちんぺい》（前漢の劉邦の功臣）のように兄嫁と密通し、賄賂を受ける者であっても、唯《ただ》才能だけを基準として人材を登用する」と天下に宣言していたのである。これは、明らかに儒教からの逸脱である。そのうえで曹操が、儒教を相対化するために選んだ文化、それが「文学」であった。

4　文学による対抗

酒に対えば当に歌うべし

曹操は、三国一の兵法家であるとともに、「建安文学《けんあんぶんがく》」を切り開いた文学者でもあった。

曹操の代表作「短歌行《たんかこう》」其《そ》の一が、いつ詠まれたのかは明らかでない。『演義』は、それを赤壁の戦いの前に歌った不吉な詩とする。

対酒当歌　人生幾何
譬如朝露　去日苦多
慨当以慷　憂思難忘
何以解憂　唯有杜康
青青子衿　悠悠我心
但為君故　沈吟至今
呦呦鹿鳴　食野之苹
我有嘉賓　鼓瑟吹笙
明明如月　何時可輟
憂従中来　不可断絶
越陌度阡　枉用相存
契闊談讌　心念旧恩
月明星稀　烏鵲南飛

酒に対《むか》えば当《まさ》に歌うべし　人生　幾何《いくばく》ぞ
譬《たと》えば朝露の如《ごと》し　去日は苦《はなは》だ多し
慨《なげ》きて当に以《もっ》て慷《いた》むべし　憂思《ゆうし》　忘れ難し
何を以てか憂いを解かん　唯《た》だ杜康《とこう》有るのみ
青青たる子《きみ》が衿《えり》　悠悠《ゆうゆう》たる我が心
但《た》だ君の為の故に　沈吟《しんぎん》して今に至る
呦呦《ようよう》と鹿は鳴き　野の苹《よもぎ》を食う
我に嘉賓《かひん》有れば　瑟《しつ》を鼓《こ》し笙《しょう》を吹かん
明明　月の如きも　何《いず》れの時にか輟《ひろ》う可き
憂いは中より来《きた》り　断絶す可からず
陌《ひゃく》を越え阡《せん》を度り　枉《ま》げて用《もっ》て相存《あいそん》せよ
契闊《けいかつ》して談讌《だんえん》し　心に旧恩《きゅうおん》を念《おも》わん
月　明らかに　星　稀《まれ》にして　烏鵲《うじゃく》　南に飛ぶ

繞樹三匝 何枝可依
山不厭高 水不厭深
周公吐哺 天下帰心

樹を繞《めぐ》ること三匝《めぐ》り 何の枝にか依る可き
山は高きを厭《いと》わず 水は深きを厭わず
周公 哺《ほ》を吐きて 天下 心を帰せり

この詩の主題は、人材の招致と登用にある。「月 明らかに……」からの四句も、南に飛ぶ烏鵲（かささぎ）が樹をめぐり枝を選ぶのであれば、自分のもとに来ればよい、という詩意になる。ところが、『演義』は、故意にこれを誤読し、遠征に出ている曹操軍が「依る可き」枝を失うことになる不吉な詩だと曲解し、それを指摘した劉馥《りゅうふく》が曹操に殺害される。「短歌行」は、赤壁の敗戦の予兆として用いられているのである。

「酒を前にしては当然歌をうたうがいい。時間の流れのままにおし流されていくわれわれは、せいぜい胸を張り、手足をのばして、われわれの一生をせいぜい充実した時間にしよう」。最初の四句は、人生の無情を嘆くわけではない。だからこそ多くの人材を招き、天下を平定したい、という曹操の志《こころざし》を言うための歌い起こしである。

傍点で示した儒教経典『詩経《しきょう》』の二ヵ所の引用は、いずれも人材の招致と登用という詩意に関わる。「青青たる子が衿、悠悠たる我が心」は、少女が青年を思う『詩経』鄭風《ていふう》子衿《しきん》の句を借りて、賢才への思慕を示したものである。「呦呦と鹿は鳴き、野の苹を食う」は、宴会で賓客をもてなす『詩経』小雅《しょうが》鹿鳴《ろくめい》の句により、曹操の賓客への厚遇を示す。「鹿鳴館」という言葉の典拠として日本でも有名な詩である。最後に『韓詩外伝《かんしげでん》』巻三を典拠とする周公の故事を掲げて、天下の人材を登用しようとする曹操の施政方針を歌った詩、それが「短歌行」の真実である。

曹操のサロンから発展した建安文学は、中国史上、最初の本格的な文学活動と評される。曹操は自ら五言詩《ごごんし》の楽府《がふ》（曲にあわせて歌う詩）を作成し、志と正統性を高らかに歌った。唐の李白《りはく》や杜甫《とほ》が得意とした五言詩は、曹操によって勃興したのである。それまでにも、自分の内的な価値基準において、文学を最高の価値に据える者はいた。しかし、唐以降の科挙《かきょ》のように、詩作などの文学的才能が評価されて、高い官職に就き得る状況は、曹操から始まる。曹操は、五官将文学《ごかんしょうぶんがく》など文学を冠する官職を創設し、文学の才能を基準に就官させたほか、文学に秀でた曹植《そうち》を寵愛《ちょうあい》し、一時は後継者に擬するほどであった。

こうして文学は、曹操により儒教とは異なる新たな価値として、国家的に宣揚されたのである。太平道や五斗米道といった宗教だけではない。文学という一見すると儒教に対抗できかねるような文化を、人事と関わらせることで宣揚していく。曹操独自の卓越した政策をここに見ることができよう。ただし、『三国志』には、曹操の詩は収録されない。文学という価値観が、儒教を超えることはなかったのである。その理由は、曹操の後継者にある。

曹丕と曹植

曹操の後継者は、すんなりとは決まらなかった。曹操は、多くの子に恵まれたが、その中でも長子の曹丕《そうひ》と三男の曹植は、ともに秀でた才能を持っていた。とくに曹植は、父に勝る抜群の文学的センスの持ち主で、曹操が名士層に対抗するための文化的価値として文学を尊重すればするほど、後継者争いで曹植が有利となるのであった。これに対して、名士層の根底にある儒教的価値基準では、長子が後継者となるべきであった。荀彧の娘婿として荀彧・荀攸《じゅんゆう》なき後の潁川《えいせん》名士の中心であった陳羣《ちんぐん》は、儒教の経義に基づき、長子である曹丕の後継指名を積極的に支援する。

曹操は悩んだ。果断な曹操が、後継者の指名という権力者にとって最も重要な決断を遅らせた理由は、曹植の文学的才能によって、儒教に代わる新たな文化的価値である文学の地位を確立して、名士層に対抗するという魅惑的な選択肢に目が眩《くら》んだからであろう。しかし、赤壁の戦いで敗退し、その結果、蜀漢・孫呉政権が力をつけたことで、名士層の協力を断ち切って、君主権力の確立を目指すことはできなかった。

結局、曹操は曹丕を後継者に指名する。この曹操の迷いは高くついた。曹丕は、自分を支持してくれた名士層に借りを作ることになった。曹丕が後漢を滅ぼして曹魏を建国する際に、陳羣の献策により制定された九品中正制度（第七章で詳述する）は、その現れと考えてよい。この制度を利用して、のちに司馬氏が台頭して、曹氏の政権を奪い、西晉を建国することになるのである。

新たな時代を創造した英雄

赤壁の戦いに敗れ、天下統一に成功しなかったことで、曹操の創造性が高く評価されないこともある。『演義』の叙述は、その代表であろう。しかし、名君の呼び声高い唐の太宗《たいそう》李世民《りせいみん》が布《し》いた律令《りつりょう》体制は、太宗が一から創造したものではなく、曹操の政策を発展させたものであった。唐に全盛期を迎える五言詩もまた、文化として高く評価することを始めた者は、曹操なのである。

毛沢東《もうたくとう》が中華人民共和国を建国した後、曹操の再評価を命じたように、三国時代だけではなく、長い歴史の中に曹操を位置づけた時、「乱世の奸雄」曹操の「奸」は、「英」となる。新たなる時代を創造した曹操は、三国時代を超えて高く評価されるべき英雄なのである。

第四章　悲劇の国、孫呉

道化とされた男たち

1　孫氏三代

伝国璽のねこばば

『演義』において孫呉《そんご》は、道化《どうけ》の役回りを強いられている。主役である蜀漢の諸葛亮の神算《しんさん》鬼謀《きぼう》、敵役《かたきやく》でありながら勝者でもある曹操の颯爽《さっそう》とした活躍を盛り立てる舞台まわしや引き立てが呉の役所《やくどころ》である。『演義』だけではない。三国のうちどの国家が正統であるかを論ずる「正閏論《せいじゅんろん》」でも、事実として後漢より禅譲を受けた曹魏、国家の存立理念として漢の復興を唱える蜀漢に対して、政権の延命のみに努力した孫呉の正統が主張されることは一度もなかった。

正閏論に決着をつけた南宋《なんそう》の朱子《しゅし》の『資治通鑑綱目《しじつがんこうもく》』で蜀漢の正統が定まった後には、以前にも増して孫呉は不遇な扱いを受けた。赤壁の戦いから一八〇〇年を経て、二〇〇八年に公開された映画「レッドクリフ」は、周瑜《しゅうゆ》を主役に愛と友情を描き出し、ようやく孫呉は復権の兆しを見せた。続いて制作されたテレビドラマ「新三国」（日本語版は『三国志』Three Kingdoms）では、魯粛《ろしゅく》の知謀が描かれ、従来の孫呉像は変貌を遂げつつある。

孫呉の基礎を築いたものは、孫策《そんさく》・孫権《そんけん》の父、孫堅《そんけん》である。黄巾の平定に力を尽くした朱《しゅ》儁《しゅん》に見出され、反董卓《とうたく》連合の中で唯一董卓を破った孫堅であるが、その結果としての洛陽への一番乗りから、孫呉の悲劇は始まる。『演義』は、孫堅が洛陽で入手した伝国璽《でんこくじ》をねこばばした結果、のたれ死ぬと予言する。

董卓が去ると連合軍は、孫堅を先頭に洛陽に乗り込んだ。焼けこげた宮中に陣を構える孫堅は、五色の光が立ち上る井戸から、秦の始皇帝《しこうてい》以来、代々の皇帝が受け継いできた「伝国の玉璽《ぎょくじ》」を発見した。これがあれば皇帝になれる、と他の諸侯に内緒で、病気を理由に帰国を図る孫堅。しかし、密告により袁紹はすでにそれを知っていた。

「貴公が病気であることは知っている。伝国の玉璽のせいであろう」。袁紹が笑うと、孫堅は色を失った。……孫堅は天を指して誓った。「もし、わたしがそれを密かに隠し持っていたならば、いずれ将来、まっとうな死に方ができず、刀や矢のもとで死ぬことになりましょう」。（第六回）

『演義』の叙述には、基づく史書がある。孫呉を正統とする韋昭《いしょう》の『呉書《ごしょ》』（『三国志』の裴《はい》注《ちゅう》に引用され、部分的に残る。『三国志』の「呉書」部分の種本）が、孫堅による伝国璽の取得を記録しているのである。孫呉末期に生きた韋昭は、建国の正統性を玉璽に求めようとしたのであろう。しかし、裴松之《はいしょうし》は、孫堅は漢に強い忠誠心を持っており、伝国璽を盗むはずはない。韋昭は、孫呉の正統性を主張しようとして、かえって孫堅の名誉を傷つけている、とこの記事を批判する。伝国璽の取得に否定的なのである。ところが、孫呉を「僭国《せんこく》（勝手に皇帝を称している偽国家）」と位置づける毛宗崗《もうそうこう》本は、当然のように伝国璽の取得を採用するばかりか、そのねこばばが孫堅の横死を招くと予言し、それを的中させる。

孫堅はやがて袁術の命を受け、自らの帰国を妨げた劉表《りゅうひょう》を攻撃した。劉表の部下黄祖《こうそ》が守っていた樊《はん》城を抜き、蔡瑁《さいぼう》を破って襄陽《じょうよう》城を包囲する。劉表は、呂公《りょこう》に命じて、袁紹に救援を求める一方で、峴山《けんざん》に伏兵を潜ませた。呂公が東門から出ると、それに気づいた孫堅は、急いで馬に乗り、諸将にも知らせず、三十騎あまりを率いて追撃した。峴山まで追ったところ、山上から大石が落とされ、林から矢が一斉に放たれる。孫堅は予言どおりに命を落とす。享年、三十七歳であった。

漢室匡輔

史実における孫堅の弱みは、伝国璽よりも、江東《こうとう》の弱小豪族の出身であるため拠点を持てず、経済的に袁術に依存し続けたことにある。結果、孫堅の死後、その集団は袁術に吸収された。こうした場合、集団は求心力を喪失することが一般的である。事実、孫堅の元部下であった桓楷《かんかい》は、新任の長沙太守《ちょうさたいしゅ》の張羨《ちょうし》には曹操に与《くみ》することを勧め、自らも曹操の招きに応じ傘下に入っている。しかし、程普《ていふ》・韓当《かんとう》・朱治《しゅち》・黄蓋《こうがい》といった孫堅の武将たちは、集団崩壊の後にも孫氏への忠誠を貫き通した。赤壁の戦いの際にも、張昭《ちょうしょう》らが降服論を唱える中、周瑜の指揮下、曹操との決戦の主力となった者は、これら孫堅以来の武将であった。これが、孫堅の息子たちへの第一の遺産である。

約四百年続いた漢の権威はなお強く、三国の樹立者は、漢の再興を唱えた劉備、献帝を擁立し続けた曹操と、漢への忠義を大義名分として掲げていた。他方、袁術・袁紹のように、漢に代わる国家の建設を早くから掲げる勢力は自滅した。陽人《ようじん》の戦いで董卓を破り、董卓に暴かれた漢の皇帝の陵墓を整備するなど、漢への忠義に貫かれた孫堅の一生は、孫策に袁術から自立する際の正統性を与えるだけでなく、孫権がやがて江東を安定的に支配する大義名分の根拠となった。これが、息子たちへの第二の遺産である。やがてこれは、孫策に仕えた張紘《ちょうこう》により「漢室匡輔《かんしつきょうほ》（漢を正し守る）」という理念に昇華される。

于吉の呪い

それでも、父の後を嗣いだ孫策の待遇は、袁術の私兵も同然であった。太守の地位を約束に孫策が攻略した九江《きゅうこう》郡・盧江《ろこう》郡は、いずれも袁術直属の配下に太守の地位を奪われた。孫策はいいように使われるばかりであった。父の遺産が生きたのは、袁術が皇帝を僭称した時のことである。すでに述べたように、孫策は、袁術の不忠を非難した訣別書を送るが、その背景には父の漢への忠義があった。袁術から自立した孫策は、周瑜の助けを得て江東を平定する。しかし、建安五（二〇〇）年、曹操と袁紹が官渡《かんと》で対峙している隙を衝き、曹操の本拠の許《きょ》を襲って献帝を迎えんとした矢先、かつて殺害した呉郡太守の許貢《きょこう》の部下に暗殺された。二十六歳のことである。『演義』は、それを于吉《うきつ》の呪いによるとする。

孫策は、許貢の部下より受けた怪我の療養中、城門の楼《たかどの》の上で武将や賓客を集めて宴会を開いた。そのとき于吉が、門の下を小走りに通り過ぎた。武将や賓客のほとんどは、楼を降りて于吉を礼拝し、宴会係が大声を挙げてもそれを禁ずることはできなかった。怒った孫策が于吉を捕らえると、于吉を信仰する者たちは、孫策の母親に助命を請わせる。孫策は于吉に「旱魃《かんばつ》が続いているから雨を降らせてみよ。降らせることができたら命を助けてやる」と言い、于吉は祈禱《きとう》を行った。果たして雨は降った。それにも拘らず、孫策は于吉を殺す。于吉の死後、孫策は鏡を見るたびに現れる于吉の姿に怯《おび》えた。鏡を殴りつけて絶叫したとき傷口が裂け、孫策は死去した、と『演義』は描くのである。

于吉は、後漢の順帝《じゅんてい》の時に『太平清領書《たいへいせいりょうしょ》』を手に入れ、呉郡・会稽《かいけい》郡一帯を行き来して精舎《しょうしゃ》を建て、香を焚《た》き道教経典《けいてん》を誦読《しょうどく》し、御札や聖水を用いて病気を治療した道士であるという。『演義』が採用した、于吉が孫策を呪い殺す話は、干宝《かんぽう》の『捜神記《そうじんき》』に収められている。干宝は、四世紀中頃の東晉《とうしん》の歴史家で、祖父の干統《かんとう》は、孫呉の奮武《ふんぶ》将軍・都亭侯《とていこう》であった。孫呉の旧臣の家系なのである。それにも拘らず、孫策が呪い殺された記事を収録する干宝の態度に、孫呉への篤い思いを見ることはできない。一説によれば、于吉は干吉《かんきつ》であり、干宝はその一族であるという。そうであればなお、自らの一族の孫呉への恨みを記述したことになる。旧孫呉系臣下には、このように孫呉に否定的な態度をとる者が少なくない。

これに対して、蜀において西晉《せいしん》へ反乱を起こした王富《おうふ》は、自ら諸葛都護《しょかつとご》と名乗っている（『華陽国志《かようこくし》』大同志）。諸葛都護とは、亮の子諸葛瞻《しょかつせん》のことである。蜀漢の滅亡後も、あるいは現在に至るまで、蜀に残る諸葛亮や蜀漢への思いを反乱に利用しているのである。

于吉が孫策を呪い殺す物語は、孫呉への思いを欠く干宝『捜神記』を種本に、スタンスを同じくする『演義』がそのまま継承したものなのである。

陸康を族滅させる

同じ地方政権でありながら、蜀漢が長く蜀の人々から愛され続けることに対し、孫呉が江東で愛されない理由の一つは、孫策による陸康《りくこう》の族滅にある。袁術の命を受け、孫策が攻撃した廬江太守《ろこうたいしゅ》の陸康は、呉郡を代表する豪族「呉の四姓《しせい》」の出身であった。呉郡の富春県《ふしゅん》の弱小豪族出身である孫氏は、陸氏を筆頭とする「陸・顧《こ》・朱《しゅ》・張《ちょう》」という呉の四姓の支持を得て、呉郡に基盤を構築することが、孫堅以来の宿願であった。

孫堅の後を嗣いだ孫策は、袁術から自立する前に陸康を訪ねている。袁術の私兵同然の状況から抜け出すため、郷里の大豪族たちの協力を求めに行ったのであろう。しかし、陸康は自ら会おうとはせず、部下の役人に応対させただけであった。孫策は、つねづねこれを恨みに思っていたという。父孫堅は呉の四姓を尊重し、陸康の甥から救援を頼まれた際に、躊躇なく軍を進めている。それなのに、という孫策の気持ちは共有できよう。ゆえに孫策は、容赦なく陸康を攻撃し、一族の大半を殺害した。これにより、陸氏を筆頭とする江東の名士・豪族は、孫策に対して抜き差しならない感情を持つに至る。孫呉政権の滅亡まで続く、孫氏と江東との対峙性がここに生まれたのである。

臨終の際、孫策は弟の孫権に、「軍勢を動員し、天下の群雄たちと雌雄を決することでは、おまえはわたしに及ばない。しかし、賢者の意見を聞き、才能のある者を用いて、江東を保つことでは、おまえのほうがわたしよりも優れている」と言い遺す。陸康を直接手にかけた自分への江東の反発を最期まで気に病んでいたことが分かろう。

2　美周郎

政権の支柱

呉の四姓を筆頭とする江東名士との対立を抱える孫策が、それでも江東を平定できた理由は、ひとえに周瑜の協力を得たことによる。周瑜は、呉の四姓とはレベルの異なる名士であった。呉の四姓の筆頭であった陸康は廬江太守に過ぎない。これに対して、周瑜の生まれた「廬江の周氏」は、「二世三公《にせいさんこう》」を誇る揚州《ようしゅう》随一の家柄であった。中でも周瑜の従祖父にあたる周景《しゅうけい》は、反宦官派として高い名声を持ち、故吏《こり》（もとの部下）として陳蕃《ちんばん》・李膺《りよう》という「党人《とうじん》」（後漢末期に宦官の政治介入に反対し、弾圧を受けた名士の源流）の中心人物や、荀彧《じゅんいく》の父である荀緄《じゅんこん》を持つ。周瑜が「周郎《しゅうろう》」（周の若殿さま）と呼ばれ、演奏の最中に音を間違えると振り向く、と言われる音楽的センスを持っていたことは、名門周氏の貴公子に相応しい逸話である。『三国志』周瑜伝にも「姿貌《しぼう》有り」と明記される容姿端麗な名門の貴公子、それが周瑜であった。

歴代の宰相家である「廬江の周氏」には、呉の四姓クラスでは知り得ない情報も寄せられる。黄巾の乱がいかに猖獗《しょうけつ》を極めたか、横暴な董卓を破った孫堅がいかに強力であったか。

周瑜は、孫堅が華北で転戦する間、孫策ら家族を自分の郷里に呼び寄せている。策の母にも面会し、有無を通じあって暮らしたという。周瑜が孫氏の面倒を見ていたのである。

こうした周瑜と孫策との結びつきは、両者の個人的な友情を踏まえたうえで、さらにその背景を考えなければなるまい。黄巾の乱を契機とする混乱期に乗じて、孫氏は武力により急速に台頭した。揚州に名声を持つ周氏は、揚州への規制力を維持するために、武力を持つ新興の孫氏と結合することは有利である。武力だけに頼って台頭した新興の孫氏にとって、周氏の持つ名声は、覇権の確立に大きな役割を果たす。丹陽《たんよう》太守となっていた従父周尚《しゅうしょう》の力により、周瑜が孫策のため強兵で名高い丹陽で、軍勢と船と食糧を準備したことは、袁術から自立した孫策が、周氏の地位と名声に依拠したことを端的に物語る。

こうして周瑜は孫策の盟友として、江東平定に協力する。橋公の娘大橋《だいきょう》（大喬・小喬とするのは、毛宗崗本の書き換え）を孫策が、妹の小橋《しょうきょう》を周瑜が娶《めと》り、義兄弟の関係を結んだほか、周瑜の娘が孫権の太子孫登《そんとう》に嫁ぎ、周瑜の長子が孫権の娘を娶るなど、周氏と孫氏とは、幾重にも及ぶ婚姻関係でその結びつきを深めていく。

孫策が卒すると、周瑜は軍を握る中護軍《ちゅうごぐん》として、行政を担当した長史《ちょうし》の張昭《ちょうしょう》とともに孫権を支えた。もちろん孫権が親任した者は周瑜であった。孫権は、名士を積極的に取り込む政策を採る。その結果、孫策の時には政権との距離を保っていた諸葛瑾《しょかつきん》や魯粛・歩騭《ほしつ》などの北来名士（長江流域より北部から移住した名士）や揚州名士が次々と政権に参入した。とりわけ、江東名士を代表する呉郡の陸遜《りくそん》が加入した意義は大きい。陸遜は、陸康一族の生き残りである。それが孫権に出仕し、さらに孫策の娘を娶ったことは、孫氏と江東名士の和解の象徴と言えよう。こうして孫呉は、孫策の武名に依存する集団から、揚州名士の周瑜と張昭ら北来の名士とが支える政権へと変貌した。孫権は、周瑜の支えを得て、江東支配を安定させることができたのである。

草船借箭

赤壁の戦いの立役者は、周瑜である。しかし、『演義』は、赤壁で何の功績もなかった蜀漢を持ち上げるため、諸葛亮を引き立てる敵役《かたきやく》に周瑜を配する。曹操との戦いの主導権、戦後の荊州《けいしゅう》の領有をめぐり、周瑜と諸葛亮の暗闘が繰り広げられる。周瑜の計略はことごとく諸葛亮に見抜かれ、周瑜は悔しさのあまり死去する。今際《いまわ》の折、周瑜は天を仰ぎ「すでに瑜を生みながら、なぜ亮を生んだのか」と繰り返し叫んで息絶えた、と『演義』はその死すら諸葛亮への嫉妬の中に描く。二人の争いの中でも、「草船借箭《そうせんしゃくせん》」は、諸葛亮の知謀が存分に発揮された物語として、『演義』のみならず京劇《きょうげき》などでも好んで演じられている。

周瑜は、自分の計略をすべて見抜く諸葛亮を恐れ、その殺害のため、軍議で十万本の矢を三日間で作ることを約束させる。諸葛亮は、三日目の夜、魯粛の船二十隻に、それぞれ藁《わら》の束と三十人の兵を載せて、長江の対岸に築かれた曹操の陣へと漕ぎ出していく。船が陣に近づくと、諸葛亮は船を一列に並べ、一斉に太鼓を鳴らして鬨《とき》の声を挙げさせた。濃霧のため、曹操は、伏兵を警戒して討って出ず、矢を雨のように射かける。一方、諸葛亮は、船を返してさらに敵陣に近づき藁に矢を受け止めた。朝日が上がって霧が晴れかかるや、引き返すよう命じたが、藁束には隙間もなく矢が刺さっている。諸葛亮は、「丞相、矢をありがたく申し受ける」と、声を揃えて叫ばせた。感嘆する魯粛に諸葛亮は言った。

「大将ともあろう者が、天文に通ぜず、地理を知らず、奇門《きもん》を知らず、陰陽《いんよう》の術をわきまえず、陣型の図を見分けられず、兵法の勢に明らかでないようでは、物の用にも立ちません。わたしは、三日前からすでに今日の霧を察知していたので、わざと三日と日限を切ったのです。公瑾《こうきん》殿（周瑜）は、わたしに十日の間に作るよう命じておいて、職人や材料を押さえ、これを口実に殺そうとされた。わたしの運命は天にかかっている。公瑾殿には命を取れますまい」。魯粛はただ感服するばかりであった。（第四十六回）

魯粛を舞台まわしに配置し、諸葛亮が周瑜に比べていかに自分が優れているかを説明する場面である。毛宗崗本は、第四十六回の総評において、次のように述べている。

借箭《しゃくせん》の計は、敵から十万本の矢を奪い、自分たちの十万本の矢とし、しかも十万本の矢を作る費用を省くもので、その利は三十万本分に及ぶ。矢を借りるのと同じように、呉の軍を借り、東風《とうふう》も借りるのであるから、荊州を借りることも不可能ではない。

毛宗崗本は、諸葛亮の智を絶賛するとともに、「借《しゃく》東風」「借荊州」と続く、物語の流れを予告する。赤壁の戦いは続けざまに六つの虚構が設けられる『演義』最大の山場なのである。「草船借箭」のもととなった話は、『三国志』呉主伝注引『魏略《ぎりゃく》』に記されている。

孫権が大きな船に乗って軍状偵察に来ると、曹公は、弓と弩《ど》をめったやたらに射かけさせた。矢が船に突き刺さり、船は片方だけが重くなって、ひっくり返りそうになった。孫権はそこで、船を巡らせ、もう片方の面にも矢を受けた。刺さった矢が平均して船が安定すると、自軍へ引き揚げた。

これだけの話を十万本もの矢を借りる話に直接作り直すことは難しく、曲亭馬琴が述べるように、黒衣を着せた藁人形で数十万の矢を集めた『新唐書』張巡伝の記述が参考にされたと考えてよい。それにしても、主人孫権の逸話までをも利用され、諸葛亮の引き立て役にされた周瑜は浮かばれまい。

続いて、史書に記された赤壁の戦いに迫ってみよう。ただし、『三国志』のみならず、そもそも中国の史書は、西欧のそれとは異なり、戦いの具体的な内容を記すことに熱心ではない。しかも曹魏を正統とする『三国志』は、曹操が敗退した赤壁の戦いを綿密に記す必要もない。したがって、その記述は戦いまでの政治情勢を中心とする。

赤壁の戦い

孫権が曹操の圧迫を受けたのは、赤壁の戦いが初めてではない。次第に華北を統一していく曹操から人質を出すよう要求されたこともある。孫権は、周瑜と二人で母の前で相談し、周瑜の主張どおり、人質を送ることを拒否している。その際、孫権の母は、周瑜を実の子と同じであると言い、周瑜の議論に従うことを孫権に勧めている。孫氏と周氏との深い繋がり、および外交の判断を名門周氏の情報収集力に依拠していたことが分かる。

建安十二（二〇七）年、曹操が南下して荊州を降し、劉表《りゅうひょう》の旧臣をそれなりの地位に就けると、張昭ら北来名士は降服を主張する。降服論が優勢な中、主戦論を唱える魯粛は、方針を周瑜に尋ねることを求める。呉の衆議は、周瑜の主戦論に与《くみ》した。君主である孫権が跳ね返せなかった降服論を、周瑜一人の力により圧倒した影響力には注目すべきである。揚州における周氏の名声は高く、呉の主力軍を率いていた者も中護軍《ちゅうごぐん》の周瑜であった。

曹操の率いる数十万の軍勢に対して、周瑜と程普《ていふ》の指揮する孫呉軍はわずかに数万、この劣勢を覆《くつがえ》したものが、黄蓋《こうがい》の献策であった。黄蓋は、曹操の水軍の密集ぶりを見て、投降を装い、焼き討ちを掛けることを進言する。『演義』では、周瑜と諸葛亮の発案とされる火攻めは、黄蓋が考案したものである。『演義』はその功績を取り上げる代わりに、黄蓋が投降する際に、わざと周瑜に罰せられ曹操に投降を信じさせる「苦肉《くにく》の計」という虚構を創作している。馴《な》れない水戦に不安があったのか。あるいは、孫権の一族が内応を申し出ていたため、油断したのか。曹操は、「苦肉の計」もないのに、黄蓋の偽降を信じた。

建安十三（二〇八）年十二月、黄蓋は先陣をきって船を出す。快速船十隻に、枯れ草や柴を積みこんだ黄蓋は、折からの東南の風に乗って曹操軍に近づき、兵士たちに「黄蓋が降服する」と叫ばせた。曹操軍まであと二里の距離で黄蓋は、船に満載した枯れ草に火をかける。火は、激しい東南の風にあおられた船は、炎の矢のように曹操の船団に突入する。火は、船を焼き尽くして陸上の陣をも襲う。黄蓋に続いて周瑜も、精鋭部隊を率いて上陸する。

曹操は、烏林《うりん》から華容道《かようどう》沿いに江陵《こうりょう》に向かって敗走した。このあたりは湿地帯である。曹操は、疲労の極にある兵士を激励して竹や木を運んでぬかるみを埋め、何とか危機を逃れた。江陵に曹仁《そうじん》と徐晃《じょこう》を、襄陽《じょうよう》に楽進《がくしん》を残した曹操は、許に帰還する。赤壁の戦いは、曹操の大敗に終わったのである。

赤壁の戦いは、主戦論を説いた周瑜の主導で始まり、周瑜の指揮により勝利を収めた。まさしく、周瑜が呉を守った戦いなのである。孫呉における周瑜の地位と影響力は、以前にも増して高まった。それでも、周瑜は、将軍号しか持たない孫権を皆がさほど尊重しないなかで、率先して敬意を払った。その結果、君臣間の上下関係が確立したという。周瑜は、君主を凌《しの》ぐ名声を持ちながら孫権を支え続けたのである。

後漢の名門に生まれた周瑜の戦略は、天下統一策である。周瑜自らが益州の劉璋《りゅうしょう》を打倒し、馬超《ばちょう》と結んで長安に進出する一方で、孫権が江東の軍を率いて攻め上がり、曹操を挟撃する。その実現を目指して益州侵攻の準備をしていた矢先、周瑜は後事を魯粛に委ねて病没する。三十六年の生涯であった。

3 魯粛の天下三分の計

単刀会

『演義』では、人のよい無能な外交官として、諸葛亮や関羽を引き立てる道化役とされている魯粛は、三国時代の実像としては、曹操に対抗する勢力の育成に努め、劉備に荊州を貸し、天下三分のグランドデザインを描いた戦略家であった。魯粛の死後、関羽が荊州で敗れ、孫権と劉備が戦ったことは、魯粛が劉備の勢力伸長を孫呉に認めさせ、その建国を支持していたことを端的に物語る。

毛宗崗本の第六十六回「関雲長《かんうんちょう》単刀もて会に赴く」は、戯曲の「単刀会」としても有名な場面である。赤壁の戦いの後、孫権は劉備が根拠地を得るまで、一時的に荊州を貸していた。したがって、劉備が益州を取ると、荊州の返還を要求したが関羽に武力で撥《は》ねつけられる。そこで呉は、関羽を暗殺して荊州を奪回する策略を立てた。それを知りながら、関羽は青龍偃月刀《せいりゅうえんげつとう》を持たせた周倉《しゅうそう》一人だけを連れて会見に臨む。魯粛が荊州返還を求めると、関羽が口を開かないうちに、周倉が庭先で大喝した。

「天下の土地は徳ある者が占めるべきもの。東呉が一人占めする理《ことわり》はない」。雲長（関羽）は、さっと顔色を変えて立ち上がり、周倉が持っていた青龍偃月刀をもぎ取るなり、庭の中央に仁王立ちとなって、周倉に目配せしながら叱《しか》りつけた。「これは国家の大事である。余計な口出しするな。出てうせろ」。周倉がその意を悟って岸に立ち出で、さっと赤旗を一振りすれば、関平《かんぺい》の船が矢のように漕ぎ寄せる。雲長は右手に刀をひっさげ、左手で魯粛の手をしっかり握ると、酔ったふりで、「せっかく酒盛りにお招き下されたのに、荊州のことなぞ言い出されることはないではないか。いたく酔ってしまったゆえ、かえって永久《とわ》の睦《むつ》みを破るようなことを言ってしまうといけない。いずれ荊州にお招きするので、その時じっくりとお話しいたそうではないか」。魯粛は生きた心地もなく、雲長にひきずられて岸に出た。呂蒙《りよもう》・甘寧《かんねい》は手勢を率いて討って出ようとしたものの、雲長が刀をひっさげ、魯粛の手を取っているため、魯粛の身に間違いがあっては、と一歩も動けない。雲長は船の前まで来てやっと手を離すなり、ひらりと船首に乗り移って別れの挨拶をした。魯粛は虚《うつ》けたように、関公の船が風に乗って遠ざかるのを見送るばかりであった。(第六十六回)

ここに描かれる魯粛は、「単刀」会であるにも拘らず、兵を伏せて関羽暗殺を計る悪者である。しかも、それを外したばかりか、自分が関羽の楯になって味方が攻められない状況を作り、関羽が去った後も恐怖から茫然自失《ぼうぜんじしつ》の有り様を見せる愚者でもある。『演義』の魯粛は、関羽の活躍を引き立てる道化とされているのである。

これに対して、『三国志』魯粛伝には、自らの「天下三分の計」のため劉備を必要とする魯粛が、関羽との会談により話し合いで荊州の問題を解決したことが明記される。

魯粛は関羽に会見を申し入れ、おのおの兵馬を百歩離れたところに留めると、ただ将軍が単刀でともに会することを提案した。そのうえで魯粛はしばしば関羽を責めて言った。「国家《わがきみ》が区々《くく》（たる江東）におりながら、むかし（荊州の）土地を貴家に貸したのは、貴家の軍が敗れて遠くより身を寄せ、資《もとで》がないためであった。いますでに益州を手に入れたのに、（借りた土地をすべて）還す意志もなく、ただ三郡だけを求めたことに対しても、命に従われない」。言葉がまだ終わらないうちに、坐にあった一人が、「そもそも土地というものは、ただ徳のあるところに帰する。どうして常にこれを保つことができようか」と言った。魯粛は声を励ましてこれを叱咤し、言葉も顔つきもきわめて厳しかった。関羽は刀を取って立ち上がると、「これはもとより国家の大事である。この者の知るところではない」と言い、目で合図をしてその者を去らせた。

『演義』が、叱咤した者を魯粛から関羽に変えたほか、魯粛が関羽を圧倒した話を逆にしていることが分かる。裴注に引く韋昭《いしょう》の『呉書』には、関羽は魯粛の問いに答える言葉もなかったと記される。結局、曹操が漢中《かんちゅう》に侵入したため、益州を失うことを恐れた劉備は、孫権と和解して荊州南部を分割した。魯粛の正当な外交交渉に、関羽は全く対応することができず、魯粛は話し合いにより、荊州の半分を奪回しているのである。

天下三分の計

魯粛は、徐州臨淮郡《じょしゅうりんわい》の豪族である。周瑜に軍資の援助をして、名士となったことはすでに述べた。郷里が戦乱に巻き込まれると、周瑜を頼って江東《こうとう》へ赴き、一時孫策に出仕したが、重く用いられず、祖母の帰葬《きそう》のため郷里に戻った。これを見た周瑜は、魯粛を引き留め、後を嗣いだばかりの孫権に魯粛を重用することを強く勧めた。孫権は魯粛に今後の方針を尋ねる。魯粛は今後、孫権が採るべき戦略として独自の「天下三分の計」を献策する。

曹操は強く、漢は復興できないので、将軍（孫権）は江東を拠点に天下に鼎足《ていそく》する（三本足で立つ、つまり天下を三分してその一方を孫権が支配する）状況を作り出し、皇帝を名乗ってから、天下の変を待つべきです。（『三国志』魯粛伝）

このとき孫権は、張紘がまとめた「漢室匡輔《かんしつきょうほ》」を方針として掲げていた。魯粛の策はその方針と異なる。というよりは、「大一統《だいいっとう》（一統《とうと》を大ぶ、天下は統一すべきである）」と「聖漢《せいかん》

（孔子がその成立を予言した聖なる国家である漢）の復興」を否定する点で、後漢の国教であった儒教を逸脱する先進的な主張であった。常識的な儒教を身に付けている張昭は、革新的な意見を持つ魯粛を嫌い、重用しないよう孫権に進言する。しかし、孫権は魯粛を高く評価した。のちに孫権が即位した際、「かつて魯粛は、わたしがこうなることを予言してくれた」と魯粛を追憶している。周瑜でさえ口にしなかった孫権の即位を、最初に言い出した者が、魯粛であったことに孫権は感謝しているのである。

諸葛亮の「草廬対《そうろたい》（いわゆる天下三分の計）」よりも現実的な部分は、漢の復興に拘《こだわ》らないところにある。黄巾の乱を見て、漢の復興が難しいと考えていた名士は多かった。しかし、四百年以上も続き、儒教も「聖漢」と正統化する漢の復興を無理であると断言し、それを前提に基本方針を立てることは常識的にはあり得ない。もちろん黄巾のように、儒教もろとも漢を否定することは簡単である。しかし、袁術が漢に代わって即位する理由に、自らの家系が漢の「四世公輔《しせいこうほ》」であることを掲げる、という矛盾を見れば、儒教を学んだ知識人たちが漢の軛《くびき》を脱することの難しさを理解できよう。

また、天下を三分するために、第三極として劉備を育成しようとする戦略も独創的である。魯粛は三分を目的として第三極を創り出す努力を惜しまない。ヨーロッパに匹敵するほどの国土と人口を持つ中国の統一を保つことは難しい。それでも、諸葛亮の「草廬対」は、曹操の打倒後に、孫呉と事を構えることを予定している。魯粛の戦略のほうが、「天下三分の計」と呼ぶのに相応しい。魯粛の戦略の斬新さが分かるであろう。

荊州争奪

赤壁に先立ち、使者として派遣された魯粛は劉備と会見し、諸葛亮にも兄の諸葛瑾と友人であることを告げて交友関係を結ぶ。諸葛亮とともに孫権との連合を劉備に承諾させた魯粛は、その証《あかし》に諸葛亮を呉への使者として連れ戻る。降服論も唱えられる中、魯粛が自分の戦略どおり孫権を江東に鼎足させるため、周瑜とともに曹操を撃破したことは前述のとおりである。

魯粛の才能は、むしろ赤壁後に発揮される。孫権はもとより周瑜でさえ反発した劉備の荊州支配を、魯粛は天下三分の実現のため、側面から強力に支援し、劉備が他に支配地を得るまで荊州を劉備に貸与するというトリッキーな案によって両陣営をまとめあげる。孫権が荊州を劉備に貸与したことを聞いた曹操は、ショックのあまり筆を落としたという。曹操の視座からは、曹操に対抗させる第三極としての劉備を創り出すという魯粛の描くグランドデザインの大きさが、当事者の劉備や孫権以上に把握できたのであろう。

劉備が益州を領有すると、孫権は長沙《ちょうさ》・零陵《れいりょう》・桂陽《けいよう》の三郡の返還を要求する。魯粛が、単独で関羽と会見し、荊州を分割したこともすでに述べた。呉に渦巻く反対論を押し切って荊州を貸してくれた者が、魯粛であったことを劉備や関羽はよく理解していたのである。魯粛は、天下三分を実現するために、諸葛亮の外交を支持し、赤壁の戦いの後には荊州を劉備に貸し、呉の輿論《よろん》を納得させて、天下三分の基本を作り上げた。「三国時代」という形を作り上げたのは、曹操でも諸葛亮でも周瑜でもない。その構想は魯粛より出で、魯粛の才により実現したのである。

その魯粛に評価された者が呂蒙《りよもう》である。呂蒙はもともと武芸一筋の武将であった。ところが、あるとき孫権に、「将軍というものは、広く学問を修め、世の中のことや兵法にも通じていなければならない」と諭される。儒将《じゆしよう》になれというのである。ただ武力に秀でるだけの将軍では、部隊長を務めることはできるが、国家の主力軍を率いることはできない。孫権の期待の大きさが分かろう。呂蒙は孫権の思いを受け止め、猛勉強を開始する。魯粛は、あるとき呂蒙と話をして、その成長ぶりに驚く。「君はもう、呉下《ごか》の阿蒙《あもう》（呉の蒙ちゃん）ではないな」。呂蒙は「男子たるもの三日会わなければ、刮目《かつもく》して（新しい目で）見直すべきです」と答えた。刮目（目をこすってよく見直すこと）という故事成語の由来である。呂蒙は、魯粛の評価により、名士となった。

しかし、呂蒙の関羽への対策は、魯粛とは正反対の道を歩む。魯粛が呂蒙を評価したのは、関羽への備えを理路整然と説いたためであった。魯粛の死後、呂蒙は、関羽に備えるだけでなく、関羽を破り荊州を奪回することを目指す。それにより孫劉同盟が破綻し、曹操に有利となり、天下三分が危うくなることを見通す力は、呂蒙にはなかった。曹操との挟撃により、関羽を殺して荊州を回復した呂蒙は、南《なん》郡太守に任命されるが、まもなく病死する。『演義』は、それを関羽の呪いとして描く。史実では、呪い以上に恐ろしい、情の人劉備が弟の仇を討ちに孫呉に侵入する。それを夷陵《いりよう》で撃破した者が陸遜《りくそん》である。

4 陸氏の無念

二宮事件

夷陵の戦いで、劉備を破った陸遜は、『演義』で貶められることが少ない例外的な孫呉の臣下である。しかし、陸遜は史実で不遇であった。その功績にも拘らず、丞相《じようしよう》でありながら孫権によって死に追い込まれるのである。その背後には、陸康族滅以来の江東名士と孫氏の君主権力とのせめぎあいが見え隠れする。

延康《えんこう》元（二二〇）年、後漢が滅ぼされ、黄初《こうしよ》元（二二〇）年に曹魏、章武《しようぶ》元（二二一）年に蜀漢が建国されると、孫権は、やや遅れて黄龍《こうりゆう》元（二二九）年に皇帝に即位し、長子の登《とう》を皇太子とした。赤烏《せきう》四（二四一）年、登が卒すると、王夫人の子である三男の和《か》が皇太子とされた。ところが、王夫人は孫権の娘全公主《ぜんこうしゅ》と不和であったため、皇后に立てられず、やがて讒言《ざんげん》により憂死し、和への孫権の寵愛も衰えた。これに対して、同母弟の魯王覇《は》は、失意の和に代わって皇太子の地位を狙うようになった。こうして、孫権の晩年を揺るがす「二宮の争い」と呼ばれる、皇太子和と魯王覇の後継者争いが始まったのである。

丞相であった陸遜は、儒教に基づき皇太子を支持し、江東の名士も多くこれに賛同した。しかし、魯王派は、孫権の覇への寵愛を背景に強力であった。結局、孫権は、喧嘩《けんか》両成敗の形をとって皇太子和を廃するとともに魯王覇に死を賜い、晩年の子である孫亮《そんりょう》を皇太子とした。この後継者争いにより、呉の臣下は大きな被害を受けたのである。

直接的に二宮事件に関わりを持った太子太傅《たいしたいふ》の吾粲《ごさん》や朱拠《しゅきょ》、後には孫権に寵用されていた魯王派の楊竺《ようじく》までもが、責任を問われ誅殺された。それだけではない。呉を支えてきた丞相の陸遜は、甥の顧譚《こたん》・顧承《こしょう》や姚信《ようしん》らが、みな皇太子の懐刀になっていたと言いがかりをつけられ、憤りのあまり死去するのである。

劉備を夷陵の戦いに破り、魏の侵略を食い止め、孫呉の柱石と目されていた丞相の陸遜が、罪を責めたてられ続けて死ぬとは、あまりに不遇な最期である。周瑜や魯肅は、後世の『演義』で「不遇」なだけであり、生きている間は孫権から尊重され続け、その死後も折に触れて功績が称えられた。これとは対照的な陸遜の不遇は、陸氏と孫氏の因縁に起因する。

君主に詫びられる

陸遜の長子陸抗《りくこう》の母は、孫策の娘である。陸抗は、孫氏と呉の四姓の和解の象徴と言ってよい。丞相を父に持ち、君主の一族でありながら、陸抗の出世は遅れた。二宮事件が尾を牽《ひ》いていたのである。憤死した父陸遜の柩《ひつぎ》を守って帰葬した折、陸抗はそれを許可した孫権に感謝の言葉を述べた。しかし、孫権は楊竺が告発した陸遜に関する二十条の疑惑について、陸抗に問い糺《ただ》す。孫権の言葉を伝える使者が陸抗と相対《あいたい》し、陸抗は一つ一つの事柄について条理を尽くして弁明した。孫権はその答えの的確さに気持ちを和《やわ》らげたという。

後に陸抗は建康《けんこう》で病を治療する。任地に戻る際、孫権は涙を流して別れを惜しみ、「わたしは先に讒言を信じて、君の父に対して大義に背くことをし、君に申し訳なく思っている。幾度も詰問の書状を送ったが、すべて焼き、他人に見せないでほしい」と詫《わ》びた。二宮事件に際して、陸遜を死に追いやったことへの「呉の四姓」を中心とする不満の高まりを見て、孫権は結局、楊竺を殺したのである。

呉の四姓の筆頭である陸氏を敵にまわして、江東の支配が安定しないことは、すでに孫策の時に経験しているはずであった。それにも拘らず、後継者争いと同時に、江東名士の抑圧を図り、それに失敗して政権運営に腐心する孫権の姿を謝罪に見ることができる。二宮事件は、君主と名士の双方が傷つき、国力を消耗させただけであった。こうした国力の衰退と幼い孫亮に不安を懐《いだ》きながら、孫権は崩御した。

孫権の憂慮は的中する。孫亮を担いだ諸葛恪《しょかつかく》（瑾の子）の名士政権は、北伐の失敗により崩壊した。それを打倒した孫峻《そんしゅん》、およびその後に政権を握った孫綝《そんちん》は、名士に対峙的な政策を採って、これもまた批判を浴びる。孫綝を失脚させた孫休《そんきゅう》は、濮陽興《ぼくようこう》を丞相に、丁固《ていこ》・孟仁《もうじん》を左右の御史大夫《ぎょしたいふ》に任命して政治を任せ、名士の尊重により、政権の安定を図った。しかし、国際情勢は逼迫《ひっぱく》していた。炎興《えんこう》元（二六三）年に蜀漢は曹魏に滅ぼされ、咸熙《かんき》二（二六五）年には曹魏も西晉《せいしん》に滅ぼされる。その間の永安《えいあん》七（二六四）年に孫休は卒し、すべての課題は孫皓《そんこう》に持ち越されたのである。

醒めた孫皓

即位当初の孫皓は明君であった。江東名士の要《かなめ》である陸抗を鎮軍大将軍《ちんぐんだいしょうぐん》に抜擢し、西方防衛の総指揮をとらせた。陸抗もこれに応える。鳳凰《ほうおう》元（二七二）年、西陵督《せいりょうとく》の歩闡《ほせん》が西晉に寝返ると、西陵城を包囲し、西晉の援軍を打ち破って、これを陥落させた。

この時、西晉の荊州都督《けいしゅうととく》として歩闡の援軍に来た者が、後漢末の名士蔡邕《さいよう》の外孫で司馬師《しばし》の義弟にあたる名士羊祜《ようこ》である。敗れた羊祜は、以前にも増して徳と信義を修めて、孫呉の人々の心を惹《ひ》きつけようとした。これに対して、陸抗も徳と信義を修める。このため、両国の間では、あまった食糧が農地に置かれたままになっていても、相手の国がそれを奪ったりすることはなく、牛や馬が逃げて相手の国に入っても、それを捕獲できたという。陸抗と羊祜は、個人的にも尊敬しあい、厚い交わりを結んでいた。陸抗がある時、酒を羊祜に贈ると、羊祜は、毒が入っていないかと心配することもなく、それを飲み干した。陸抗が病気になった時、羊祜が薬を贈ると、陸抗も心から感謝してそれを服用した。

二国の国境地帯で友好関係が結ばれていることを聞いて、孫晧は陸抗を詰問する。この間《かん》、孫晧は暴君と化していたのである。すでに病が悪化していた陸抗は、羊祜との関係を弁明するとともに、荊州からの侵攻に備えられる西陵郡の軍事的な重要性を説いて、その守備を増強することを要請した。しかし、陸抗の上奏は聞き入れられず、鳳凰三（二七四）年に、陸抗は病没する。

亡国の君主は、悪い話題にこと欠かない。孫晧も例外ではない。名士の殺害、校事《こうじ》（スパイ）制度の復活など、その悪行は枚挙に暇《いとま》がない。『演義』では、陸抗の死後、孫晧（『演義』は「皓」）は、群臣に酔いしれるまで飲むよう命じ、宦官を糾弾官として群臣の無礼な言動を聞き取らせ、その者の顔の皮を剝《は》ぎ、目を抉《えぐ》ったとその残虐ぶりを誇張している。

しかし、即位前の孫晧は、文学的才能に溢れる有能な人物であった。即位直後も、宮女を妻のない者に嫁がせ、武昌《ぶしょう》に遷都して中央軍の強化を図るなど、着々と中央集権化の施策を実行している。どうして暴君となり、滅亡を自ら招いたのであろうか。

滅亡の際、孫晧は臣下に書簡を示し、滅亡に至るまでの思いを吐露している。そこには、名士の殺害、校事の寵用といった自らの悪行への謝罪が連ねられ、才能を持ちながら君主権力の強大化に失敗した、孫晧のやるせない気持ちがにじみ出ている。

名士を抑制して君主権力を確立できなかった者は、孫晧だけではない。孫晧が「大皇帝」と尊ぶ孫権ですら、張昭《ちょうしょう》を屈伏させられていない。それほどまでに、名士は勢力を拡大し、君主は、もがいてももがいても権力を建て直すことができなかった。書簡では最後に、心置きなく西晉に仕えるべきことを助言している。「孫呉への忠誠心などを示さずに、新天地でその能力を十分に発揮してほしい」と。

陸機の曹操観

陸抗の子どもたちの対応は分かれた。長子の陸晏《りくあん》と次男の陸景《りくけい》は孫呉に殉《じゅん》ずる。その弟の陸機《りくき》・陸雲《りくうん》は西晉に仕え、文学の才能を張華《ちょうか》に高く評価された。

先に掲げた曹操が臨終の間際、妾に香を与える遺言をする毛宗崗本の場面は、陸機の文学作品「弔魏武帝文《ちょうぎぶていぶん》（魏の武帝を弔《とむら》う文）」に基づいている。『文選《もんぜん》』にも「弔文《ちょうぶん》」の代表として収められる「弔魏武帝文」は、陸機が曹操の遺令を見た驚きと嘆きを描く。

魏の武帝が継嗣曹丕《そうひ》に遺言し、四人の息子たちに教えを遺す様子からは、国を治める計略は遠大で、家を盛んにする教えもまた弘大《こうだい》であることが分かる。……（しかし）女児を抱き末っ子の曹彪《そうひょう》を指さして、四人の息子に向かい、「おまえたちに面倒をかけるが」と言って泣いた。痛ましいことだ。過去には天下を治めることを責務としながら、今は死に臨んで人に可愛い我が子の世話を頼むのである。命が尽きれば何もかもなくなってしまい、死ねば魂さえなくなってしまう。しかし、閨房《けいぼう》の女性たちに女々《めめ》しく心惹かれ、家の者たちがすべきことにまで気を配るのは、あまりにも細かすぎないだろうか。

（『文選』弔魏武帝文）

陸機は、天下の英雄たる曹操が、死に臨んで女性たちに女々しく心惹かれ、夫人に名香を分けることを言い遺し、妾たちが履《くつ》を作ることにまで気を配っていることを、あまりにも細かすぎると批判する。

わが身の外にあるものに心を惑わせ、閨房の女性たちへの思いを細かく言い遺すことは、賢人としてあるべき姿ではないだろう。わたしは大いに憤りを感じ、胸の思いが溢《あふ》れんばかりになって、そのため弔いの文を書くことにしたのである。……（曹操が）家族の将来に心を奪われたことが（わたしには）惜しまれ、遺言が細かくつまらぬものであったことが（わたしには）恨まれる。広大な志を履の飾りに歪《ゆが》められ、清らかな精神を余った香に汚されてしまった。（『文選』弔魏武帝文）

陸機は、曹操が閨房の女性たちに思いを細かく言い遺したことを、女々しく、賢人らしからぬ行為だ、と半ば憤りを感じながら悲嘆している。

陸機の「弔魏武帝文」に引用される曹操の遺言は、一部分が陳寿の『三国志』に伝えられる曹操の遺令と共通するため、陳寿が記録した遺令のもととなった本来の遺言と考えられることも多かった。しかし、曹操臨終の場に、曹丕を含めた四人の息子たち（曹丕・曹彰《そうしょう》・曹植・曹熊《そうゆう》）が立ち会ったはずはなく、曹彪も末っ子ではない。たとえ陸機が本物の遺言を見る機会があったとしても、「弔魏武帝文」は、虚構を含む文学作品と捉えるべきである。陸機は、遺言を捏造《ねつぞう》してまで、曹操の女々しい姿を描いた。意図的に曹操を貶《おとし》めている、と言えよう。

孫呉の旧臣下である陸機は、西晉で差別を受けていたのである。盧植の曾孫にあたる盧志《ろし》は、「陸遜・陸抗と君はどういう関係か」と尋ね、中原では陸氏のことなど話題にものぼらないことを示した。また、潘岳《はんがく》は、陸機に贈る詩の中で、孫権が皇帝を称したことには全く触れず、曹魏より認められた呉王の称号ですら、偽国が使った僭号である、と謗《そし》っている。こうした差別に対して、陸機は、曹操を女々しく描くことで、中原の貴族が呉に対して抱く優越意識の淵源《えんげん》を潰そうとしたのである。

旧孫呉臣下は、これほどまでの差別を西晉で受けた。陸康を族滅した孫氏には愛着を持てず、かと言って、三国を統一した西晉に温かく迎えられることもない。悲劇の国、孫呉のルサンチマンは、『演義』でさらに深められているのである。

第五章　「義絶」関羽　神となった英雄

1　桃園結義

三兄弟の故郷

『演義』は、黄巾の乱の平定に立ち上がった三人の男たちが、桃園《とうえん》で義を結ぶ場面より始まる。黄巾の平定のため義勇兵を募集する、との高札を見てため息をついていると、後ろから「国に力も尽くさず、何を嘆息するか」と声をかける者がある。振り向くと、身長《みのたけ》八尺（明《みん》の度量衡でいうと約二四九センチメートル、三国では約一九三センチメートル。以下明尺）、豹《ひょう》の頭にどんぐり眼《まなこ》、豊かな頬《ほお》に虎の髭《ひげ》、そう張飛が立っていた。高札を見ていた男は劉備、中《ちゅう》山靖王劉勝《ざんせいおうりゅうしょう》の末裔ながら、蓆《むしろ》を織り、草鞋《わらじ》を売って暮らしていた。二人が酒を酌み交わしていると、九尺（約二八〇センチメートル）の大男が入ってくる。関羽である。郷里の豪族が無法を働くのにたまりかね、豪族を斬って亡命したという。関羽だけではない。少しは財産を持っていた張飛も、漢室の末裔という劉備も、みな豪族に虐げられる社会の下層部出身なのである。三人は張飛の家の近くの桃園で天地神明を祭り、兄弟の契《ちぎ》りを結ぶ。

われら劉備・関羽・張飛は、姓は異なるとはいえ、ここに兄弟の契りを結んだ以上、力を合わせ心を一つにし、苦しきを救い、危うきを助け、上は国に報《むく》い、下は民を安《やす》んぜん。同年同月同日に生まれなかったことは是非ないとしても、同年同月同日に死なんことを願う。（第一回）

三人のうち、劉備と張飛は同じ涿《たく》郡の出身であるが、関羽の故郷解《かい》県（『演義』は解良県）は遠く離れている。北京近郊の劉備・張飛と山西省の関羽とでは、込み入った話だと言葉が通じたかどうか。そのくらいの距離感である。

桃園結義と関わりながら、毛宗崗本は、第一回の総評で、「いま人が盟《ちかい》を結ぶ時には、必ず関帝《かんてい》を拝する。桃園の当日に何という神を拝して盟約を結んだのかは分からない」と、毛宗崗が生きた清の初期における関聖帝君《かんせいていくん》崇拝（神となった関羽への信仰）の広がりを伝えている。『三国志』の英雄の中で、なぜ関羽だけが突出した信仰を集めるのか。距離の遠さと関帝信仰、二つの謎を解く鍵は、三人が挙兵する際に、馬と資金を提供した豪商にある。三人は商業で結ばれていたのである。

解県に生まれたこと、これが関羽と劉備・張飛を結びつけた。解県は塩池《えんち》（解池）の南西端にあたる製塩の中心地なのである。春秋時代、解塩《かいえん》の販売で大きな利益をあげた猗頓《いとん》は、その富が王侯に匹敵したという。また、戦国時代の段干木《だんかんぼく》は、異民族から馬を輸入し利益を得ていたが、交易に解塩を用いるだけでなく、その販売にも関与し、魏の文侯《ぶんこう》の財政を支えた。劉備と張飛が生まれた涿郡は、北京と太原《たいげん》を結ぶ直線上にあたり、北方遊牧民族との接点の一つとして、古来、馬の取引が盛んであった。関羽が遠く涿郡にまで亡命できた理由は、解塩を扱う商人との関わりが深く、その流通経路を利用したためと考えられる。

劉備が挙兵した際、中山《ちゅうざん》の馬商人である張世平《ちょうせいへい》と蘇双《そそう》は、多くの金財を提供した、と『三国志』先主《せんしゅ》（劉備）伝は記す。中山は、太原と涿郡の中間に位置する。張世平と蘇双は、涿郡に馬の買いつけに来ていた。涿郡出身の劉備と張飛は、馬商人に資本を提供され、馬商人の取引相手であった塩商人と関わりを持つ関羽とともに、黄巾の乱に乗じて一旗あげた。やがて、徐州《じょしゅう》で劉備を支え、妹を嫁がせる麋竺《びじく》も、後世に伝説を残すほどの大商人であった。

劉備が学んだ盧植《ろしょく》の学塾の同門で、劉備が兄事した公孫瓚《こうそんさん》の集団もまた、商人との関わりが深い。さらに北方民族に近い遼西《りょうせい》郡出身の公孫瓚は、盧植の故郷でもある涿郡まで留学に来ていた。馬の流通を介したネットワークが存在したのであろう。やがて燕《えん》（北京）を中心に政権を樹立した公孫瓚は、名士を優遇せず、絹を売り歩いた李移子《りいし》、商人の楽何当《がくかとう》、占い師の劉緯台《りゅういだい》と兄弟の契りを結んだ。かれら三人はいずれも資産巨億と記される大金持ちであった。すでに述べたように、公孫瓚は「白馬義従《はくばぎじゅう》」と呼ばれる白い馬で統一した騎兵部隊を揃えることができた。その経済力は、兄弟の契りに加え、互いに婚姻関係まで結んでいた商人たちの力量に由来する。

しかし、「士農工商」という言葉が日本でも使われたように、儒教は農業を圧迫する末業として商業を卑しめる。その力を畏れていた、と言い換えてもよい。秦や漢という国家もまた、農民支配の妨げとなる商人を抑圧していた。蜀学《しょくがく》と呼ばれる儒教を学んだ陳寿は、当然、商人や商業の記述には冷淡で、公孫瓚が李移子たちと義兄弟の契りを結んでいたことを記さない。麋竺の大金持ち伝説を記録し、公孫瓚の商人との繋がりを記すものは、裴松之《はいしょうし》の注に引用された書籍である。儒教と国家の縛りが緩くなった三国以降の分裂期には、商人の記録が増加していく。

ともに語るに足りない兵子

このように初期の劉備集団と儒教を価値の根底に置く名士とは、その社会階層を大きく異にする。諸葛亮を三顧の礼で迎えて荊州南部を領有した後にも、その距離が埋まっていなかったことは、次の逸話から窺うことができる。

張飛はかつて劉巴《りゅうは》の家に遊びに行ったが、劉巴は張飛と話もしなかった。張飛はそのため怒ってしまった。そこで、諸葛亮は劉巴に次のように言った。「張飛は武人ですが、あなたを敬愛しているのです。あなたが、高い志をお持ちのことは分かりますが、どうかもう少し下の者にも優しくしてあげてください」。劉巴は答えた、「立派な人物が世の中で生きる理由は、天下の英雄（ここでは武力的なそれではなく、名声の高い知識人のこと）と交際するためである。どうして、『兵子《へいし》』（兵隊野郎）とともに語ることなどできようか」。（『三国志』劉巴伝注引『零陵先賢伝《れいりょうせんけんでん》』）

劉巴のような名士にとって、張飛は「兵子」に過ぎず、ともに語るに足る存在ではなかった。それでも張飛は名士に迎合し、その反動なのか、兵には厳しく部下をよく鞭《むち》で打った。張飛の最期は、それを怨んだ部下の寝返りによる。一方、関羽は、兵に優しい反面、名士に対抗意識を持ち、自らも晩年『春秋左氏伝《しゅんじゅうさしでん》』を学んだ。しかし、荊州の陥落は、その対抗意識から糜芳《びほう》や士仁《しじん》を軽んじ、それを恨んだかれらが、呉の呂蒙《りょもう》に降服したことが原因となる。

史家の関羽評

このため、陳寿の関羽への評価は高くない。後世、神として信仰されるような尊敬をそこに見出すことはできない。

（陳寿の）評にいう。関羽・張飛はともに「万人の敵」（一万人に匹敵する）と称され、世の「虎臣《こしん》」であった。関羽は曹公（曹操）に（顔良を斬る手柄で恩に）報い、張飛は義により厳顔《げんがん》を釈《ゆる》し、ともに国士の風がある。しかしながら、関羽は剛情で自ら誇りを持ちすぎ、張飛は乱暴で恩愛をかけず、その欠点のために敗れた。道理から言って当然である。（『三国志』関張馬黄趙伝評）

関羽・張飛を「万人の敵」と称した者は曹魏の程昱《ていいく》、「熊虎」と称した者は孫呉の周瑜と呂蒙である。陳寿は、かれらの言葉で関羽・張飛の武力を表現したうえで、関羽の曹操、張飛の厳顔への対応を評価するが、その敗退理由も正確に叙述している。公正な、しかし、冷淡な評価と言えよう。

劉宋《りゅうそう》に生きた裴松之は、陳寿のように曹魏を正統とする必要はなかった。かと言って、朱子のように蜀漢を正統とする必要もなかった。したがって、関羽伝の注に引用する書籍も、関羽に都合のよいものばかりではない。

『蜀記《しょくき》』にいう。曹操が劉備とともに下邳城《かひじょう》に呂布《りょふ》を包囲した時、関羽は曹操に言った。「呂布は秦宜禄《しんぎろく》を使者として（袁術に）援助を求めに行かせております。わたしは、秦宜禄の妻（杜氏《とし》）を娶りたいと思います」。曹操はこれを許可した。（呂布が）敗れると、（関羽は）また何度も曹操に言上した。曹操は（関羽が繰り返し言うので）彼女がさぞかし美人であろうと思い、先に使者を送り、迎え入れて顔を見ると（美人だったので）そのまま彼女を手許《てもと》に置いた。関羽の心は落ち着かなかった。この記事は、『魏氏春秋《ぎししゅんじゅう》』と同じである。（『三国志』関羽伝注）

裴松之は、ここで言及している『魏氏春秋』のさらに詳しい叙述を明帝紀《めいていき》にも引用する。関羽が人妻に未練たらたらだったこの話を事実と考えているのである。人妻に懸想《けそう》して何度も曹操に頼んだ挙句、横取りされてしまう関羽は、人間らしく魅力的であるが、『演義』はこの話を採用しない。神が人妻に横恋慕《よこれんぼ》しては困るのであろう。

このように、陳寿の『三国志』は、裴松之の注を含めて、関羽をそれほど高く評価しない。これでは神になれまい。それでは『演義』は、どのように関羽を描いているのだろうか。

2　漢に降るも曹に降らず

三つの条件

毛宗崗本は、関羽を三絶の一人「義絶」と位置づけ、その義を称えるため、多くの虚構を採用している。なかでも有名な物語は、「漢に降《くだ》るも曹に降らず」と「義もて曹操を釈《はな》つ」である。前者は、呂布に敗れた劉備が、一時的に曹操に身を寄せた後の話である。

劉備は、献帝に歓迎され、董承《とうじょう》とともに曹操打倒の機を窺う。「いま天下の英雄は、ただ君とわたしだけである」と腹を探られた劉備は、建安三（一九八）年、曹操のもとを逃れ、かつて支配していた徐州《じょしゅう》を拠点に曹操から自立する。袁紹と対峙中の曹操が対応できないと判断したためである。ところが、曹操は、劉備の予想に反して自ら攻め寄せた。劉備は敗れ、袁紹のもとへ落ちのびていく。下邳城《かひじょう》にいた関羽は孤立し、抗戦を諦めて降服した。劉備の妻子を守っていたのである。

曹操は、関公《かんこう》の旧友である張遼《ちょうりょう》を使者として、関公に降服を迫った。関公は、曹操に降服する三つの条件を示す。「第一に、わたしは皇叔《こうしゅく》（劉備）とともに漢室を扶《たす》けることを誓った者ゆえ、わたしが降るのは漢帝だけにであって、曹操にではないこと。第二に、二人の嫂《あによめ》（劉備の夫人）には皇叔の知行《ちぎょう》を賜り、いかなる者も門内に立ち入るのを禁ずること。第三に、皇叔の所在が明らかになり次第、たとえ千里万里の遠方といえども、直《ただ》ちに馳せ参ずること。この三つに一つが欠けても、断じて降参いたさぬ」。（第二

十五回）

張遼に対して、関羽が三つの条件を出して降服することは、嘉靖本《かせい》から変わりはない。『三国志』には、条件の記載はないが、関羽がやがて劉備のもとに戻ったことは史実である。これが後世、関羽が神として祭られる大きな要因となる。『演義』は、関羽の義を強調するため、①漢に降るも曹に降らず（漢に降服するのであり、曹操に降服するのではない）、②劉備の夫人には何人《なんぴと》も近づけない、③劉備の所在が明らかになれば帰参する、という三つの条件を創作したのである。

毛宗崗本は、これら三つの条件を①君臣の分を弁ずるもの、②男女の別を厳しくするもの、③兄弟の義を明らかにするものと評している。張遼から報告を受けた曹操は、①に対しては、「わたしは漢の丞相《じようしよう》であり、漢とは即ちわたしである」として、②とともに問題としなかった。③には難色を示したが、結局三つの条件をすべて受け入れ、関羽を降服させる。

毛宗崗本は第二十五回の総評で、「漢とは即ちわたしである」という曹操の言葉を「これは奸雄が人を欺《あざむ》く言葉である」と厳しく非難する。曹操は漢ではなく、漢の献帝を操る存在に過ぎず、劉備こそが漢である、とするのである。「関羽は劉備を漢と認識しており、曹操を漢とは考えていない。すでに①漢に帰して曹に帰せずと言っている関羽は、結局③劉備に帰して曹操には帰さないのである」という。すなわち、関羽が、奸賊《かんぞく》曹操に降服することなどはあり得ず、①「曹ではなく漢に降服した」その「漢」とは劉備のことであり、その行方が不明であったため、一時曹操に属したに過ぎない、と主張する。かなり観念的な議論であるが、毛宗崗は、すでに神として信仰されていた関羽の降服を義によって説明しようとしているのである。

主君を変えない

関羽が漢、すなわち劉備に帰することを『演義』が義として絶賛する理由は、三国時代において、あるいは長い中国の歴史において、主君が敗れても見捨てず、優遇されても元の主君に帰参した事例がきわめて稀なためであろう。たとえば、項羽を破った漢の劉邦の武将韓《かん》信《しん》は、もともとは項羽の部下であった。それが劉邦の厚遇を受け、項羽を討つ主力となった。あるいは、毛宗崗が生きた清の中国統一には、明からの降将呉三桂《ごさんけい》の果たした役割が大きかった。しかし、こうした敵から帰参した功臣は、悲惨な末路を辿《たど》ることも多かった。韓信は劉邦に、呉三桂は康熙帝《こうきてい》に殺害されている。かれらの生き方に義がなく、主君もその才能を統御できなかったためである。

これに対して、曹操は降服までの経歴よりも人物の才能を重視し、才能のある者は高く用いた。また、曹氏・夏侯氏以外の者に、原則として一万人以上の兵力を任せることはなく、武将の統御を厳格に行った。このため、曹魏を代表する武将となった帰参者は多い。張遼は董卓・呂布から、臧覇《ぞうは》は陶謙《とうけん》・呂布から、徐晃《じょこう》は楊奉《ようほう》から、張郃《ちょうこう》は袁紹から、朱霊《しゅれい》も袁紹から、文聘《ぶんぺい》は劉表《りゅうひょう》から、龐悳《ほうとく》は馬超・張魯《ちょうろ》という元の主君から帰参している。しかも、かれらは曹操から粛清されることはなかった。ここに関羽が含まれても、何の違和感もないのである。

中国では、日本の江戸時代に宣揚された忠義のように、主君を変えないことを必ずしも義とは考えない。それどころか、正しくない国や君主に仕えることを恥とする。

(孔子が言った) 危うい国には行かず、乱れた国には留まらない。天下に道があれば表に立つが、道のない時には隠れる。国に道が行われているのに、貧しくてしかも低い地位にいるのは恥である。国に道が行われていないのに、富んでしかも高い地位にいるのも恥である。(『論語』八佾《はちいつ》)

孔子は、危うい国や乱れた国には仕えなくてよいと明言している。春秋時代の孔子がいう国とは、秦や漢といった統一国家ではない。三百以上もあった春秋時代の邑《ゆう》のことであり、それは後漢末の群雄よりも小さな単位となる。それが乱れていれば、留まる必要はないとするのである。

このため多くの武将が、それぞれ群雄のもとを去り、「奸絶」の曹操に従った。そうした中で、関羽だけが劉備のもとに戻っていく。毛宗崗本が、関羽の義を「絶」と称賛する理由はここにある。

義と評した者は曹操

『演義』は、三つの条件を受けて関羽を降服させた曹操が、多くの恩恵を与えて関羽を引き留める様子を重ねて描く。それらの恩恵の中で、関羽が喜んだものは、かつて呂布が乗っていた赤兎馬《せきとば》だけであった。劉備のもとに千里を馳せて帰ることができる、と関羽が喜んだとするのである。よくできた虚構と言えよう。史実では、赤兎馬と関羽は無関係である。

史実においても、曹操は、関羽が自らのもとに長く留まるつもりのないことを知っていた。

曹操は関羽の人格を評価していたが、かれの心には長く留まる気持ちがないと推察し、張遼に、「ためしに個人的にかれに尋ねてみよ」と命じた。張遼が関羽に尋ねると、関羽は嘆息して、「曹公がわたしを厚遇してくださるのはよく知っておりますが、わたしは劉将軍から厚い恩誼《おんぎ》を受けており、一緒に死のうと誓った仲です。あの方を裏切ることはできません。わたしは絶対に留まりませんが、必ず手柄を立てて、曹公に恩返しをしてから去るつもりです」と言った。張遼が関羽の言葉を曹操に報告すると、曹操はこれを義とした。関羽が顔良を斬るに及んで、曹操はかれが必ず去るだろうと思い、重い恩賞を賜った。関羽は、ことごとくその賜り物に封印をし、手紙を捧げて訣別を告げ、袁紹の軍にいる劉備のもとへ奔《はし》った。左右の者がこれを追おうとすると、曹操は、「かれはかれで自分の主君のためにしていることである。追ってはならぬ」と言った。(『三国志』関羽伝)

関羽が義であるとの評価を定めた者は、実は曹操なのである。たしかに曹操は、はじめ関羽を引き留めるよう努めたが、最後には関羽の出立を快く見送る。『三国志』関羽伝に記される、「かれはかれで自分の主君のためにしていることである。追ってはならぬ」という曹操の言葉は、『演義』にもそのまま引用される。曹操に辛《から》い毛宗崗本も、この場面だけは、曹操を高く評価する。「関羽が豪傑の中の豪傑であるため、奸雄もこれを愛した。曹操は奸雄の中の奸雄である」と(第二十六回総評)。

『演義』はさらに、関羽が義の実現のために払う努力を虚構として加えていく。「千里単騎を走らす」である。関羽が劉備のもとへ向かう道の守備兵への曹操からの連絡が遅れたため、関羽は単騎で五つの関所を突破して六人の将を斬ったうえで、劉備のもとへと帰参した、とするのである。

ところが、『三国志』先主伝によれば、このとき劉備は袁紹の命を受けて、汝南郡《じょなん》の元黄巾劉辟《りゅうへき》とともに、許《きょ》の周辺を略奪しており、許にいた関羽は、すぐさま劉備のもとに帰ることができた。劉備が攻め寄せている時に関羽が帰参しようとしたため、曹操の側近もこれを追撃しようとしたのである。『演義』が設定するように、許→①東嶺関《とうれいかん》（孔秀を斬る。以下同）→②洛陽（韓福《かんふく》・孟坦《もうたん》）→③沂水関《きすいかん》（卞喜《べんき》）→〔鎮国寺で同郷の僧侶普浄《ふじょう》に出会い、助けられる〕→④滎陽《けいよう》（王植《おうしょく》）→⑤黄河の渡し（秦琪《しんき》）→河北、と五関に六将を斬る必要はない。『演義』もそれは承知しており、河北においては劉備ではなく、孫乾《そんけん》（劉備の臣下）が待ち受け、劉備が汝南郡に向かったと関羽に伝える。関羽は汝南郡へ向かう途中、周倉《しゅうそう》に出会い、張飛と合流したのち、再び河北に至るという複雑な経路を辿って、ようやく劉備と再会する。

『演義』は、複数の著者の手による物語の組み合わせによって成立している。すでに述べたが嘉靖本では、この部分だけ集中的に「関公」という呼び名が現れ、それ以外の部分は「関某」「雲長」である。この物語は別に創られ、後から嵌《は》め込まれた部分なのである。

3　義もて曹操を釈つ

曹操の恩に報いる

「三国志」のクライマックス赤壁の戦いで、劉備集団が活躍しなければ、『演義』は文学として成立しない。そこで、『演義』は、諸葛亮と周瑜の暗闘という主題のもと、「借東風《しゃくとうふう》（東風を借りる。諸葛亮が火攻めに必要な東南の風を呼ぶ）」など六つの虚構を組み合わせ、赤壁の勝利を劉備集団の力によるものとする。その中の一つが、関羽にとって最も重要な虚構、「義もて曹操を釈《はな》つ」である。

赤壁で敗れた曹操は、退路を予測した諸葛亮の伏せた趙雲《ちょううん》・張飛《ちょうひ》によって散々打ち破られ、華容道《かようどう》で関羽の待ち伏せに遭う。兵が疲弊の極にあった曹操は、死を覚悟する。しかし、程《てい》昱《いく》は、かつて関羽にかけた恩に縋《すが》るべきだと勧める。

曹操はうなずき、直ちに馬を進めると雲長に会釈《えしゃく》して言った、「将軍には、その後お変わりないか」。雲長も会釈を返して、「このたびは軍師の命により久しく丞相をお待ちいたしておりました」。「わたしはこのたびの合戦に敗れて兵を失い、かかる窮地に至ったが、将軍には昔日《せきじつ》の情義に免じて、この場を見逃してほしい」。「わたしは丞相の厚恩を蒙《こうむ》ったことはありますが、すでに顔良・文醜《ぶんしゅう》を斬って白馬での危地をお救いし、ご恩を報じました。今日は私情は許されませぬ」。「貴殿が、五ヵ所の関で守将を斬られた時のことをまだ覚えておられるか。大丈夫たる者は、信義を重んじるもの。『春秋《しゅんじゅう》』に造詣《ぞうけい》の深い貴殿のことゆえ、庾公之斯《ゆこうしし》が子濯孺子《したくじゅし》を追った時のことをご存知であろう（衛《えい》の庾公之斯は、鄭《てい》の子濯孺子を追い討ちしたが、子濯孺子の肘《ひじ》が悪く弓の引けないことを聞き、また自らの弓の師の師であったため、公私の狭間に悩み、鏃《やじり》を抜き取った矢を四本射かけて引き返した）」。

雲長は、義を重んじること山の如き人であったから、かつての日、曹操から受けた幾多の恩義、そして五関の守将を斬った時のことを思い起こして、心を動かさぬはずはない。その上、曹操の軍勢が戦々兢々《せんせんきょうきょう》、みな涙を浮かべているのを見ては、惻隠《そくいん》の情を禁じ得なかった。そこで馬首を返すと、「散《ち》れ」と手勢に命じた。言うまでもなく、曹操を逃がそうという心からである。曹操は雲長が馬を返すと見るや、間髪を入れず、大将たちとともに一斉に駆け抜けた。（第五十回）

中国近代小説の祖である魯迅《ろじん》は、『中国小説史略』の中で、「諸葛亮は、曹操がそれで滅びる運命ではないと察知したので、わざと関羽に華容道を警備させておき、しかも、わざと軍法で迫り、軍令状という誓約を立てさせて派遣した。この諸葛亮の描写は、亮を狡猾《こうかつ》に見せるだけだが、その結果、関羽の気概は凜然《りんぜん》としている」と述べる。諸葛亮を狡猾に見せる逆効果を生みながらも、関羽の気概を凜然と表現することを『演義』は優先させたのである。

毛宗崗本も、第五十回の総評で、

ある人は、関公と曹操について、なぜ曹操を許田《きょでん》の（狩りの際に、献帝《けんてい》に代わって曹操が万歳を受けた）時には殺そうとしたのに、華容道では殺さなかったのか疑問であるという。許田で曹操を殺そうとし（て献帝に害を及ぶことを恐れ、躊躇し）たのは忠である。華容道で殺さなかったのは義である。順逆が分《わ》かたれていなければ、忠をなすことはできず、恩讐が明らかでなければ、義をなすことはできない。関公のような方は、忠は天を凌《しの》ぎ、義は日を貫く。まことに千古のうちの一人である。

と述べ、華容道で曹操を許した関羽の「義」を絶賛している。読三国志法の中で「三絶」と称える、「義絶」関羽の最大の見せ場なのである。

義は外なるもの

毛宗崗本は、関羽が許田で献帝に無礼を働いた曹操を殺そうとしたことを、第二十五回の総評では、「臣下としての大義」を現したと評する。しかし、第五十回の総評では、華容道で曹操を見逃したことを「義」とし、許田で曹操を殺そうとしたことを「忠」としている。たしかに、献帝を巻き込むことを恐れるという「忠」のために、許田で曹操を殺さなかったのであるから、関羽の行為は「忠」でもある。ただ、「臣下としての大義」と評していた許田の行為を「忠」とすることは、華容道の場面をより「義」として優れている、と判断することになる。

嘉靖《かせい》本の序によれば、『演義』は、朱子の『資治通鑑綱目《しじつがんこうもく》』の「義」を押し広めることを目的とする。このためには、漢を継承する季漢の関羽が、曹操の漢簒奪を防ぐため、曹操を斬ろうとした許田の義をより高く評価すべきであろう。ところが、毛宗崗本は、華容道を評価する。許田と比べた場合だけではない。華容道で「義もて曹操を釈《はな》」ったことが、数多《あまた》の関羽の義を示す虚構の中で、最も輝きを放っている。それは、関羽が敵の命を救うために、自らの命を投げ出しているからである。

義とは、人として正しい道に依ること（春秋の義はそのための規範）や徳行のきわめて高いことを示す言葉で、『孟子《もうし》』によって仁と並ぶ最高の徳目とされた。その際、『孟子』は「仁義」と並称し、仁も義も人の内側にあるものとしたが、そうした義の理解には、有力な反論があった。『孟子』告子《こくし》篇に、「仁は内であって外ではない。義は外であって内ではない」という告子の議論が掲げられ、それに対する孟子の反論が展開されている。孟子の主張する義内説のほうが、自律的道徳観としては優れているのであるが、義を外とするほうが分かりやすい。『礼記《らいき》』表記《ひょうき》篇も、「仁に厚い者は義に薄く、親しみて尊ばず、義に厚い者は仁に薄く、尊びて親しまず」と、仁と義を対照的に捉えている。

仁とは、『論語《ろんご》』顔淵《がんえん》篇に、「樊遅《はんち》 仁を問う。子曰く、『人を愛す』と」とあるように、愛であるが、墨子《ぼくし》が批判するように別愛《べつあい》(差別愛)である。墨子の兼愛《けんあい》やイエスのアガペー(隣人愛)のように、すべての人を等しく愛せ、とするわけではない。孔子は、親を愛し、兄弟を愛し、一族を愛し、村の者を愛し、それを国中に及ぼすことを説いたが、その愛は同心円上に広がるもので、強さが異なる。他人よりは一族を、一族よりは親兄弟を愛するのである。仁は、内なるものなのである。

これに対して、義は他者との関係を中心とする。本当の肉親でないから、「義」兄弟となる。本当の兄弟であれば、「同年同月同日に生まれなかったことは是非ないとしても、同年同月同日に死なんことを願」わない。誰かが生き延びて、家を守り「孝」を尽くすべきだからである。劉備たち義兄弟は、同日に死ぬことを誓い、それが叶《かな》わなかったため、劉備は呉の遠征に自らの命を投げ出した。他人のために命をも擲《なげう》つこと、これが義である。

忠義と並称されるのは、君主という他人のために命を投げ出すことが、忠であるとともに義だからである。ただし、忠のために行われる義は、いまだ輝きが薄い。そこに君主や社会からの強制力が見え隠れするためである。これに対して、関羽が命を捨てて救った曹操は敵である。他人の中でも最も遠い存在であり、仁の及ぶ範囲ではない。曹操は、現に劉備や関羽を殺すために遠征に来たのである。孔子は『論語』為政《いせい》篇に、「義を見て為《な》さざるは勇無きなり」と述べる。敵を救うことは命がけとなる。勇がなければ義は成し遂げられない。武勇に優れる関羽であるからこそ、曹操との「信義」を示すため、自らの命を賭けることができた。このため、他者との関係において成立する義は、華容道で最も輝くのである。

義は、他人との関係において成立する。関羽がこののち、神となっていくのは、「義絶」であったことによろう。義神であれば、赤の他人であっても、信義を結ぶことによって、救ってくれる。仁徳の人劉備が神になっても、救う際には身近な人間を優先する。キリスト教のアガペー（隣人愛）と孔子の仁（別愛）との違いは、儒教の宗教性とも関わってくるのである。朱子学以降の儒教が、その宗教性を薄れさせていくのは、由《ゆえ》なきことではない。

「義絶」関羽は、異なる。たとえ敵である曹操であっても、信義で結ばれている者は、命を賭けて救ってくれる。「汝が敵を愛せ」というイエスの言葉を思い起こしてもよい。関帝信仰が、海外の華人社会の中核に置かれることも、関羽が他者のために尽くす義をその徳目の中心として持つためである。義倉《ぎそう》や義田《ぎでん》といった他人同士が出し合った共同財産を守るものは義の神なのである。

曹操との因縁

『演義』の中で、関羽の義を示す虚構は多いが、最も見事な表現は、「義もて曹操を釈つ」である。史実に基づくものは、曹操から劉備のもとに帰参した事実であった。この両者に曹操が関わっている。しかも、「義絶」である関羽を史実において義と評した者は、曹操なのである。ここから『演義』の主役には、諸葛亮と関羽だけではなく、「奸絶」の曹操が欠かせないことを理解できよう。

劉備と諸葛亮が入蜀した後、荊州を守っていた関羽は、同盟を反故《ほご》にした孫権と曹操との挟撃に遭い、麦城《ばくじょう》で戦死する。『演義』では呂蒙《りょもう》を取り殺した関羽の呪いと、劉備の反撃を恐れた孫権が、関羽の首を曹操に献上する。

曹操が箱を開くと、関公の顔は生きているがごとくである。思わず笑って、「雲長殿、その後お変わりなかったか」と、その言葉も終わらぬうち、関公の口が開き目が動いて、髪も髭《ひげ》も逆立ったので、あっと驚いて倒れた。諸官が駆けつけて救け起こせば、しばらくして気を取り戻した曹操は、一同を見やって言った。「関将軍はまことの天神である」。呉の使いも、関公の霊が人に乗り移り、孫権を罵り、呂蒙を取り殺したことを言上したので、曹操はますます恐れて犠牲を屠《ほふ》って霊を祭り、香木で軀《からだ》を刻んで、王侯の礼をもって洛陽の南門外に葬った。諸官にも柩《ひつぎ》を送るよう命じて、曹操は自ら祭主となって、荊王《けいおう》の位を遺贈《いぞう》し、役人を派遣して墓守をさせることにした。（第七十七回）

「雲長殿、その後お変わりなかったか（雲長公、別来無恙）」という言葉は、華容道で関羽に見逃してもらった時、最初に呼びかけた、「将軍、その後お変わりなかったか（将軍、別来無恙）」とほとんど同じである。

建安五（二〇〇）年、許で別れてから、建安十三（二〇八）年、華容道に再会するまで八年。「将軍、その後お変わりなかったか」と語りかける曹操の恩を思い、関羽は義により曹操を見逃した。華容道で別れてから、建安二十四（二一九）年、ここで再会するまで十一年、「雲長殿、その後お変わりなかったか」と語る曹操に対して、呂蒙を取り殺し、孫権を押し倒した関羽は、劉備と蜀漢にとって最大の敵であるはずの曹操に、危害を加えない。それどころか、このの ち劉備の枕元に顕《あらわ》れ、呉を討って仇をとってほしいと告げる。曹操と戦うことは望まないのである。曹操もまた、最後まで関羽に礼を尽くし敬《うやま》うことを止めず、自ら祭主となって関羽を祭り、荊王の位を遺贈する。

孫権から関羽の首を送られた曹操が、諸侯の礼で関羽を葬ったことは、『三国志』関羽伝注引『呉歴《ごれき》』に記載される史実である。関羽と曹操の因縁は、ここに幕を下ろす。

4　武神から財神へ

祭祀の始まり

日本の中華街でも、関聖帝君《かんせいていくん》として祭られている関羽は、道教の神である。道教は、福《ふく》（子宝）・禄《ろく》（財産）・寿《じゅ》（長生）を求める現世救済の多神教である。三国より始まる魏晋南北《ぎしんなんぼく》朝《ちょう》時代（二二〇～五八九年）に著された道教経典の『真霊位業図《しんれいいぎょうず》』には、元始天尊《げんしてんそん》を最高神とする道教の神々が、ピラミッド型に位置づけられている。その最下位には、俗世で功績のあった人物が、冥界《めいかい》の官吏とされている。そこには、劉備・曹操を筆頭に荀彧・諸葛亮・司《し》馬懿《ばい》、徐庶《じょしょ》までもが掲げられているが、関羽と張飛は含まれない。知識人ではないからであろう。魏晋南北朝期には、傑出した武将の力を「関・張の勇」と称えるほど、関羽は有名になっていた。それでも、信仰の対象ではなかったのである。

関羽は、唐代《とう》に初めて神として祭られた。関羽終焉の地に近い玉泉寺《ぎょくせんじ》で、仏を守るための伽藍神《がらんしん》（日本の寺院で仏を守護する「〇〇天」と呼ばれているバラモン教系の神々と同じ）として祭られたのである。玉泉寺は、天台宗の祖智顗《ちぎ》が開いた寺であるが、こののち関羽信仰の中心地の一つとして発展していく。

玉泉寺の祭祀は私祭であるが、五年間だけ国家によって祭られたこともある。太公望呂尚《たいこうぼうりょしょう》（日本では、釣り人の代名詞だが、本来は周《しゅう》の武王を助けて殷《いん》を討ったとされる軍師）を祭る武成廟《ぶせいびょう》に、従祀《じゅうし》（主神に付き従う神として、ともに祭祀を受けること）されたのである。ただし、従祀された者は関羽だけではない。背水の陣で有名な韓信《かんしん》はもちろん、諸葛亮も祭られており、唐代における関羽は、いまだ傑出した信仰を集める神ではなかった。

国家を守護する武神

関羽の地位が高くなるのは、宋代からである。宋の皇帝たちは、北方民族に追い詰められた時ほど、関羽に高い称号を加えていき、それは以後の歴代皇帝に継承された（表1「関羽の神号」を参照）。宋代に関羽信仰が進展した理由は、複合的である。

第一には、宋の軍事行動への加護が挙げられる。中国歴代国家の中で相対的な軍事力が最も弱かった宋は、北宋の時には北方から遼《りょう》、西方から西夏《せいか》の、南宋の時には北方から金《きん》の圧

関羽の神号	王朝	皇帝	年号
忠恵公《ちゅうけいこう》	北宋《ほくそう》	徽宗《きそう》	崇寧《すうねい》年間
武安王《ぶあんおう》	北宋	徽宗	大観《たいかん》年間
義勇武安王《ぎゆうぶあんおう》	北宋	徽宗	宣和《せんな》年間
壮繆《そうびゅう》義勇《ぎゆう》武安英済王《ぶあんえいさいおう》	南宋《なんそう》	孝宗《こうそう》	淳熙《じゅんき》年間
顕霊《けんれい》義勇《ぎゆう》武安英済王《ぶあんえいさいおう》	元《げん》	文宗《ぶんそう》	天暦《てんれき》年間
壮繆《そうびゅう》義勇《ぎゆう》武安顕霊英済王《ぶあんけんれいえいさいおう》	明《みん》	憲宗《けんそう》	成化《せいか》年間
三界伏魔大帝神威遠震天尊関聖帝君《さんかいふくまたいていしんいえんしんてんそんかんせいていくん》	明	熹宗《きそう》	天啓《てんけい》年間
忠義神武霊祐関聖大帝《ちゅうぎしんぶれいゆうかんせいたいてい》	清《しん》	高宗《こうそう》	乾隆《けんりゅう》年間
忠義神武霊祐仁勇関聖大帝《ちゅうぎしんぶれいゆうじんゆうかんせいたいてい》	清	仁宗《じんそう》	嘉慶《かけい》年間
忠義神武霊祐仁勇威顕関聖大帝《ちゅうぎしんぶれいゆうじんゆういけんかんせいたいてい》	清	宣宗《せんそう》	道光《どうこう》年間

表1　関羽の神号
（信仰の高まりとともに字数が増え、神位が上がる）

迫を受け、元《げん》によって滅ぼされた。弱体な軍事力を補うため、宋の皇帝は神に祈った。唐代より関羽を祭ってきた玉泉寺は、戦いのたびに宋から保護を受けた。たとえば哲宗《てっそう》が「顕烈《けんれつ》」という扁額《へんがく》（寺院などに飾られる額装された書）を賜与したのは、父神宗《しんそう》のヴェトナム遠征の際、関羽が顕れて烈しく戦い、窮地に陥った宋軍を救ったことへの返礼である。北宋が金の侵攻により危機に陥ると、徽宗《きそう》は関羽を「忠恵公《ちゅうけいこう》」に、さらに「武安王《ぶあんおう》」へと封建して国家の守護を願った。

しかし、南宋において、諸葛亮もまた「威《い》烈武霊仁済王《れつぶれいじんさいおう》」に封建されているように、国家の守護神を同姓でも同郷でもない関羽に限定する必要はなかった（ちなみに唐は、同姓の李耼《りたん》〔老子〕を祖先とし、道教を仏教の上位に置いている)。関羽信仰の広がりは、軍事行動との関わりだけでは説明できない。

第二に、『演義』の源流となる「説三分《せつさんぶん》」と呼ばれる語り物の普及により、「三国志」が身近となり、蜀漢の地位が高まったことも挙げられる。朱子学の祖である南宋の朱子が、『資治通鑑綱目《しじつがんこうもく》』の中で、蜀漢の正統を主張したことはすでに述べた。宋代では、民衆・知識人を問わず、蜀漢への支持が高まりを見せていた。関羽への信仰は、これを背景に広まったと考えてよい。ただし、蜀漢を象徴する人物は、劉備であり諸葛亮であって、関羽一人には限定されない。関羽信仰の広がりには、さらなる原因があろう。

塩池を守る財神

第三の、そして最大の理由は、山西《さんせい》商人の関羽信仰にある。関羽の出身地である解県は、中国最大の塩の生産地であった。「敵に塩を贈る」という言葉があるが、日本は海に囲まれた島国である。それでも武田信玄《たけだしんげん》は、塩不足に苦しんだのであるから、塩の入手の難しさが分かる。また、salary（給与）の語源はラテン語のsal（塩）である。ローマは、給与を塩で支給していたのである。それほどまでに、塩は貴重であった。大陸国家の中国では、塩の採れる場所は限定される。これを利用した塩の専売は、前漢の武帝期より始まる。

宋代の専売方法は、塩の生産・運搬・販売を国家が行う榷塩法《かくえんほう》から、塩を払い下げる時に徴税し、後は商人に任せる通商法《つうしょうほう》へと移行した。しかも、北方民族との戦いが絶えなかった宋は、塩の専売を国境での軍需品納入に利用する。商人は、銀や銅銭、兵糧や馬草を京師《けいし》や国境に納入して、塩引《えんいん》と呼ばれる販売許可証を受領し、これを生産地に持参して塩を受け取って販売した。最大の塩生産地である解県の塩商として発展してきた山西商人は、その担い手となった。宋の財政の八割は軍事費に当てられ、税収入の五割を塩税が占めた。それを一手に取り扱う山西商人は、莫大な財を築きあげた。その守護神であったからこそ、宋は、戦いに際して関羽に祈りを捧げた。関羽信仰は、商人と国家権力とが結合するための手段として発展したのである。

宋を滅ぼした元では、税収の八割を塩税が占めた。そうしたなか、山西商人の信仰を集める関羽は、塩の生産を邪魔する蚩尤神《しゆうしん》と戦う姿が雑劇で演じられるに至る。雑劇「関雲長大いに蚩尤を破る」の要約を掲げよう。

宋のころ解州の塩池は涸《か》れ始め、塩の収入が少なくなっていた。皇帝が使者を派遣すると、城隍神《じょうこうしん》（土地神）を名乗る老人が、「塩池の害は、かつて黄帝《こうてい》（中国の伝説上の最初の皇帝）に敗れた蚩尤神が起こしている」と教える。これを聞いた侍臣の王欽若《おうきんじゃく》は、「蚩尤は邪神であり、信州龍虎山《しんしゅうりゅうこざん》の張天師《ちょうてんし》（道教の教主。曹操に降服した張魯の子孫）に命じてこれを平定させるべきです」と上奏した。召し出された張天師は、「死後、神となった忠烈の士の中でも、蜀将関羽は忠勇を兼備しています」と薦めた。まもなく美しい髯《ひげ》をした武人が空から現れ、勅命を受けた。塩池の上を黒雲が覆い、空中に戦いの音が響きわたる。やがて雲はおさまり、人々が見ると、池の水はもとのように満々とたたえられていた。

塩商である山西商人の守護神としての関羽像が分かりやすく描かれていると言えよう。山西商人は、商売先に関羽を勧進し、その劇を演じさせ、自らの功徳を積むとともに、その信仰を民衆にも広めたのである。

明《みん》の中期以降、山西商人は、国境地帯の軍需物資の納入に加え、塩法の改革に伴って中国経済の中心地である揚州《ようしゅう》など長江流域に進出する。その結果、山西商人は、新安《しんあん》商人と並ぶ中国商人の二大勢力に成長した。これにより、関羽の地位は、飛躍的に高まったが、関帝が全能神となり、中国の津々浦々まで関帝廟が建てられるようになるのは、清《しん》代になってからのことである。

関帝信仰の全盛期となった清は、満州《まんしゅう》族の国家であった。少数の満州族によって中国を支配する清は、軍事的にはモンゴル民族の協力を得、経済的には歴史的・地理的に密接な関係にあった山西商人を政商として利用した。清の外征には、山西商人が兵糧を納入し、国家の経済政策の遂行にも積極的に寄与した。そのため、山西商人には諸種の特権が与えられた。とくに利潤の大きい地域の塩販売の独占権のほか、清の官金が貸与され、その莫大な資本の運用によって山西商人は巨大な利益を得たのである。このため、清においても、関羽は国家のために戦い続けた。清の軍事報告書には、赤い顔の長い髯の神が降りてきて、清軍を守ってくれたので勝利を収めた、としばしば記されている。

『演義』の関羽像が、明の嘉靖本から清の毛宗崗本へと手を加えられ続け、「義絶」としての地位を確立した背景には、関帝信仰の発展があった。同じく『演義』を愛しながらも、日本において関羽が、曹操や諸葛亮と並ぶ主役として受容されないのは、日本人が関帝信仰を持たないためなのである。

第六章　「智絶」諸葛亮

劉備とのせめぎあい

1　三顧の礼

荊州学

『演義』の前半の主役が曹操と関羽であるならば、後半の主役は「智絶《ちぜつ》」諸葛亮である。『三国志』の物語において諸葛亮は、神とも見紛《みまが》う活躍を見せる。『三国志平話《さんごくしへいわ》』では天候を操り奇術を使う諸葛亮は、司馬懿《しばい》に「人であるか、神であるか、仙人であるかを知ることができない」と評されている。「智絶」とする毛宗崗《もうそうこう》本にも、そうした諸葛亮像は受け継がれた。諸葛亮は、様々な兵法により敵を打ち破るだけではなく、「奇門遁甲《きもんとんこう》」の道術を会得し、「六丁《りくてい》・六甲《りくこう》」の神兵を駆使する。『演義』の関羽像を絶賛する魯迅は、「諸葛亮は魔術師にされてしまった」と、その行き過ぎた神格化を批判している。

史実の諸葛亮は、常識人である。人が驚くような奇策を思いつくタイプではない。ちなみに、儒教の祖である孔子も、徹底的な常識人であった。イエスのように奇跡を起こすことはない。『論語《ろんご》』にも、人として生きていく上で当たり前の道徳が、懇々と説かれている。諸葛亮の学問は、儒教を根底とする。『演義』で使う道術の基本である道教を学んだわけではない。儒教の中でもとくに、実践的・理智的な荊州学《けいしゅうがく》を身につけていた。

後漢の儒教を集大成した鄭玄《じょうげん》の経学《けいがく》は、経典《けいてん》の細かい解釈に拘《こだわ》る精密な学問と儒教の超越性を支える神秘性の承認を特徴とする。たとえば、鄭玄は経典の解釈の中で、漢を建国した劉邦《りゅうほう》を赤帝赤熛怒《せきていせきひょうど》の精である赤龍《せきりゅう》に感じて生まれた感生帝《かんせいてい》（人間以外のものから生まれた神の子）である、としていた。漢の神聖性を保障する宗教として国教化されていた後漢の儒教の神秘性を色濃く残しているのである。

諸葛亮が司馬徽《しばき》に学んだ荊州学は、こうした神秘主義的な解釈を否定する現実的な儒教である。やがて、荊州学の流れを汲む王粛《おうしゅく》（王朗《おうろう》の子）は、感生帝説を否定する理智的な経典解釈を行い、鄭玄と並ぶ訓詁学《くんこがく》（古典解釈学）の二大潮流を形成していく。また、荊州学は、儒教が実践的であることを重視していた。乱世を平定できなければ、思想としての意味はないとするのである。このため、諸葛亮は儒教経典の『春秋左氏伝《しゅんじゅうさしでん》』を規範として、自らの政策を定めていく。そうした学問の営みの中で、滅びていこうとする後漢の現状に対して、漢による天下の再統一への基本方針として示したものが「草廬対《そうろたい》（隆中対《りゅうちゅうたい》。「対」とは答えのこと。三顧の礼を尽くした劉備からの諮問に対して、自らが住んでいた隆中の草廬〔粗末な家〕で答えた基本方針）」である。

徐庶を介したせめぎあい

劉備が諸葛亮を臣下とするために、三たび草廬を訪ねたことは、「三顧《さんこ》の礼《れい》」として有名であるが、劉備は最初から三顧の礼を尽くそうとしたわけではない。すでに劉備に仕えていた徐庶《じょしょ》が、友人の諸葛亮を勧めると、「君が一緒に連れて来てくれ」と諸葛亮を呼びつけようとした。徐庶は、司馬徽に荊州学を受けた名士の中では例外的に、単家《たんか》（豪族ではない貧しい家）の出身であった。劉備や関羽と同じ社会階層である。このため、劉備と腹を割って話ができたであろう徐庶は、諸葛亮を、ひいては自分たち名士を関羽・張飛以上に優遇させるため、「この人は、連れて来ることはできません。将軍自《みずか》ら駕《が》を枉《ま》げて（駕籠《かご》を迎えるべき人に差し向けて）訪れてください」と、三顧の礼を尽くさせたのである。

徐庶はやがて、母を捕らえられて曹操の臣下となる。『演義』は、曹操の「奸」を描き、かつ話を分かりやすくするため、曹操に捕らわれた母から、偽の手紙をもらった徐庶が、去り行く自分の代わりに諸葛亮を勧めたことにしている。しかし史実では、徐庶が曹操の臣下となるのは、長坂坡《ちょうはんは》の戦いの後である。すなわち、三顧の礼の時には、いまだ劉備の臣下なのである。友人の主人が訪ねてくるのに不在、しかも三回も訪ねさせる。これが、徐庶を介して行われた諸葛亮と劉備の駆け引きであることは明らかだろう。当時、三顧の礼は、すでに引退していた老儒者を宰相に迎える時に尽くす最高の礼であった。諸葛亮は劉備に、それを行わせることにより、自分とその政策を尊重すると集団の内外に宣言させたのである。劉備と公孫瓚は、ともに商人と強く結びついたが、名士への対応は異なる。名士の尊重する劉虞《りゅうぐ》や袁紹と敵対した公孫瓚が、意識的に名士を排除したことに対して、劉備は名士を優遇し、名士間に名を売らんとしていた。豫州牧《よしゅうぼく》になった時には、のちに荀彧の娘婿として曹魏の名士の中核となる陳羣《ちんぐん》を部下に迎えている。しかし、劉備は陳羣の献策に従わず、陳羣は集団から去った。関羽・張飛を差し置いても、名士を尊重することを形として示すため、徐庶と諸葛亮は、劉備に三顧の礼を尽くさせたのである。

常識に沿った王道「草廬対」

「草廬対」は、よく「天下三分の計」と言われるが、三分は手段であって目的ではない。曹操は強く、単独では当たれないので孫権と結び、とりあえず天下三分の形を作る。しかし、荊州と益州からそれぞれ洛陽と長安を取り、曹操を滅ぼす。その後には、言及していないが、孫権を滅ぼして漢による天下の統一を復興するのである。つまり、諸葛亮の草廬対は、漢による天下統一策なのである。

これは当時において、きわめて常識的な戦略であった。漢は、これまでに一度、王莽《おうもう》によって滅ぼされている。これを前漢《ぜんかん》という。光武《こうぶ》帝劉秀《ていりゅうしゅう》は、漢の復興を唱えて黄河《こうが》の北に拠点を作り、洛陽と長安を取り、蜀の公孫述《こうそんじゅつ》を滅ぼし、天下を統一して漢を中興した。これが後漢である。それとは逆のルートになるが、華北を曹操が掌握し、長江下流域《ちょうこう》に孫権がいる以上、残った荊州と益州を拠点として、洛陽と長安を取ろうとするのは、他に選択肢が思い浮かばないほど、当たり前の戦略であった。それ以上に、草廬対は、後漢の国教である儒教が掲げる大原則、「聖漢」による「大一統」に忠実である。これを無視する魯粛の策が革新であるならば、草廬対は保守本流の王道であった。

草廬対はやがて破綻する。劉備が益州を取った後、関羽が曹操と孫権の挟み撃ちに遭い、荊州を失ったためである。益州から長安を攻めるためには、蜀の桟道《さんどう》を通らねばならず、困難が大きい。荊州から洛陽を攻めるほうが、はるかに容易である。荊州を失ったことは「草廬対」で示した基本方針が、そのままでは継続できなくなったことを意味する。

それでも諸葛亮は、政策継続のための努力を怠らなかった。荊州から攻め上がる役割を曹魏に降服していた蜀漢の元将軍である孟達《もうたつ》に期待し、その敗北後は、北伐と同時に同盟国の孫呉が曹魏に攻め込むよう要請した。あくまでも、自らの基本方針を貫き通したのである。

規範としての「漢」の重要性

劉備の子である劉禅《りゅうぜん》に君主の資質が皆無だったこともあり、諸葛亮の漢（季漢《きかん》）による天下統一という基本方針は、実現しなかった。第五次北伐の最中、魏の司馬懿による持久戦に苦しんだ諸葛亮は、五丈原《ごじょうげん》に陣没する。それでも、諸葛亮は高い評価を受け続け、毛宗崗本では「智絶」と位置づけられるに至る。評価の高い理由は、諸葛亮が復興を夢見た「漢」の規範としての重要性にある。

漢は、ローマ帝国とよく比較される。ほぼ同時期に存在した同規模の古代帝国であるためだけではない。「すべての道はローマに通ず」という言葉があるように、ヨーロッパの文化はすべてローマを源流とする。同様に、中国文化の原基もまた、漢で定まった。漢とローマは、それぞれ中国とヨーロッパの「古典」古代なのである。したがって、漢の復興にすべてを賭けた諸葛亮は、中国の「古典」を守ろうとした者と位置づけられ、その評価が歴代きわめて高かった。規範としての「漢」の重要性のゆえに、漢の復興を目指した諸葛亮が評価されるのである。

北方民族に南に押し込められ、諸葛亮と同様に「中原回復」を国是とする南宋《なんそう》に生きた朱子が、「儒教の理想とする三代（夏《か》・殷《いん》・周《しゅう》）以来、義によって国を治めた唯一の人物である」と諸葛亮を絶賛したことはすでに述べた。元《げん》の後期に朱子学が科挙《かきょ》（官僚登用試験）の基準となり明清《みんしん》の官学となることで、元末明初に原型ができた『演義』において、諸葛亮の評価は「智絶」に高められていったのである。

2　借東風

七星壇に諸葛 風を祭る

「智絶」諸葛亮が『演義』で用いる道術の中で、最も有名なものは、赤壁の戦いに際して東南の風を呼ぶ「借東風《しゃくとうふう》」である。

周瑜は、火攻めには東南の風が必要であることを知り、気が塞《ふさ》いで寝込んでしまった。それを心配する魯粛《ろしゅく》に孔明（諸葛亮）は、「公瑾《こうきん》殿（周瑜）のご病気は、わたしにも治すことができます」と言う。魯粛は、直ちに孔明を伴って周瑜の見舞いに行った。見ると、周瑜は頭から蒲団《ふとん》をかぶって床《とこ》に伏している。「わたしに一つの処方がございます。これにて都督《ととく》殿（周瑜）の気も通じましょう」。「それをお教え願いたい」。孔明は紙と筆を取り寄せて、人払いをすると、密かに十六の文字を書き記した。「欲破曹公、宜用火計。万事倶備、只欠東風（曹公《そうこう》を破《やぶ》らんと欲《ほっ》すれば、宜《よろ》しく火計《かけい》を用《もち》うべし。万事《ばんじ》倶《とも》に備《そな》われど、只《ただ》東風《とうふう》を欠《か》く）」。書き終わると、周瑜に渡しながら、「これが都督殿の病源でしょう」と言った。これを見て周瑜は仰天し、「なんと恐ろしい奴か。この上は実情を打ち明けてしまおう」と考え、笑いながら言った。「わたしの病源をご存知であれば、どんな薬で治すのかを教えていただきたい」。「わたしは非才ですが、かつて異人より『奇門遁甲天書《きもんとんこうてんしょ》』を伝授され、風を呼び雨を降らせることができます。都督殿が東南の風をお望みなら、南屛山《なんぺいざん》に台《うてな》をお築きください。これは七星壇《しちせいだん》と申し、高さは九尺《しゃく》、三段に築き、その四方に百二十人の旗手を立たせます。わたしは、壇上において道術を行い、三日三晩、東南の大風を借りて、都督殿にお力添えをいたしましょう」。（第四十九回）

このあと、いよいよ諸葛亮が七星壇で道術を行い、風を呼んで赤壁の戦いが始まる。ただし、七星壇で行われる道術には、あまりリアリティーがない。このため、諸葛亮は季節はずれの風が吹くことを知っていた、すなわち「風を読んでいた」と説明されることが多いのであろう。

裴松之《はいしょうし》が周瑜伝に引用する『江表伝《こうひょうでん》』（これが最も詳しく史実の赤壁の戦いを伝える。裴注に引用される以外は、ほぼ散逸）には、黄蓋が曹操軍に火攻めを行った時、「東南風急（東南《とうなん》の風急《かぜきゅう》なり）」であったと記されるが、これは自然現象であって、諸葛亮が風を呼んだわけではない。そもそも人間が「風を呼べる」はずはない。

『奇門遁甲天書』の正体

しかし、せっかくの小説の虚構をそんなに「正しく」読んではつまらない。元代《げん》に成立した『三国志平話《さんごくしへいわ》』には、すでに「諸葛祭風《しょかつさいふう》」の場面があり、同じく元代には、王仲文《おうちゅうぶん》が撰した「七星壇諸葛祭風」という雑劇《ざつげき》もあった（作者と題目が残るだけで、内容は不明）。諸葛亮が風を呼ぶ話は、講談の中から出来あがったものなのである。『演義』の中で、諸葛亮は、『奇門遁甲天書』（嘉靖《かせい》本では『八門《はちもん》遁甲天書』）を伝授され、それによって「風を呼べる」と明言している。それならば、『奇門遁甲天書』を探さなければなるまい。きっと道教の経典であろう。『演義』のこの場面で、諸葛亮は道士の格好をしているからである。

『演義』がまとめられた明《みん》代には、『秘蔵通玄変化六陰洞微遁甲真経《ひぞうつうげんへんげりくいんどうびしんけい》』（『正統道蔵《しょうとうどうぞう》』所収）という道教経典があった。「遁甲」しか共通しないが、そこに記された道術を会得すると、六《りく》丁《てい》・六甲《りくこう》の神兵を使い、風を呼び、縮地《しゅくち》の法（地面の距離を操《あやつ》る術）を行うことができる、と書いてある。これらはすべて諸葛亮の使う道術である。それどころか、『秘蔵通玄変化六陰洞微遁甲真経』には、この経典は諸葛亮が会得して使ったものだ、と明記されている。『演義』の諸葛亮は、これを使って風を呼んだに違いない。この経典に記された符籙《ふろく》（おふだ）を使えば、六丁・六甲の神兵を操ることができるほか、風・雲・雷・雨を呼び、木牛《ぼくぎゅう》・

木馬（流馬ではない）を使うことができるという。図2の「呼風符《こふうふ》」は、風を呼ぶための符籙である。

符籙を書くだけでは、風は呼べない。風を呼ぶには、まず神を呼び出す必要がある。神を呼ぶためには、「発爐《はつろ》」というポーズをとる。発爐とは、左手の中指を押し、神を呼ぶ動作のことである（図3参照）。発爐のあとには、結界《けっかい》を作って聖域を生み出さなければならない。結界を作るためには、「罡歩《こうほ》」を行う。罡歩は禹歩《うほ》ともいい、北斗七星の形にステップを踏む足運びのことである。結界を作った後は、「破邪《はじゃ》」を行い邪魔をしに来る魔物を払う必要がある。破邪のためには、「叩歯《こうし》」を行う。叩歯とは、上下の歯をカチカチとかみ合わ

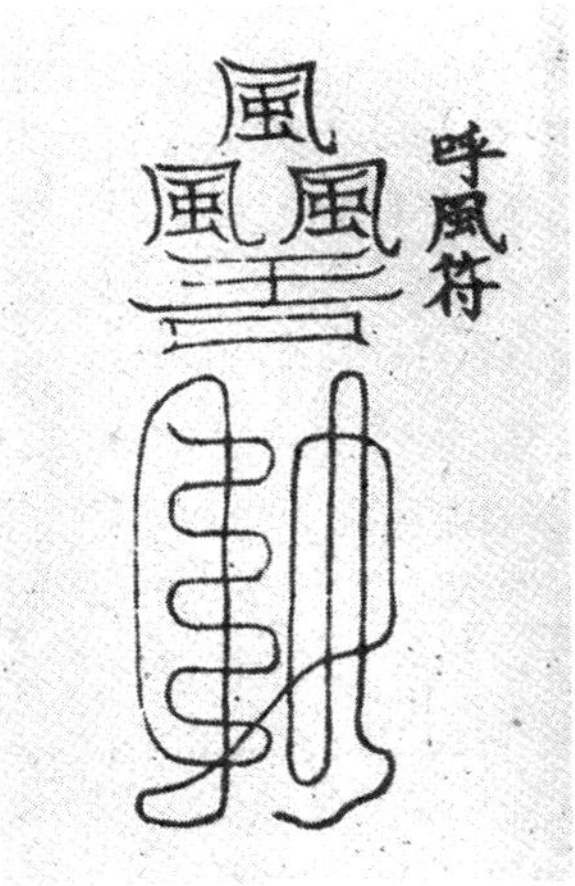

図2　呼風符

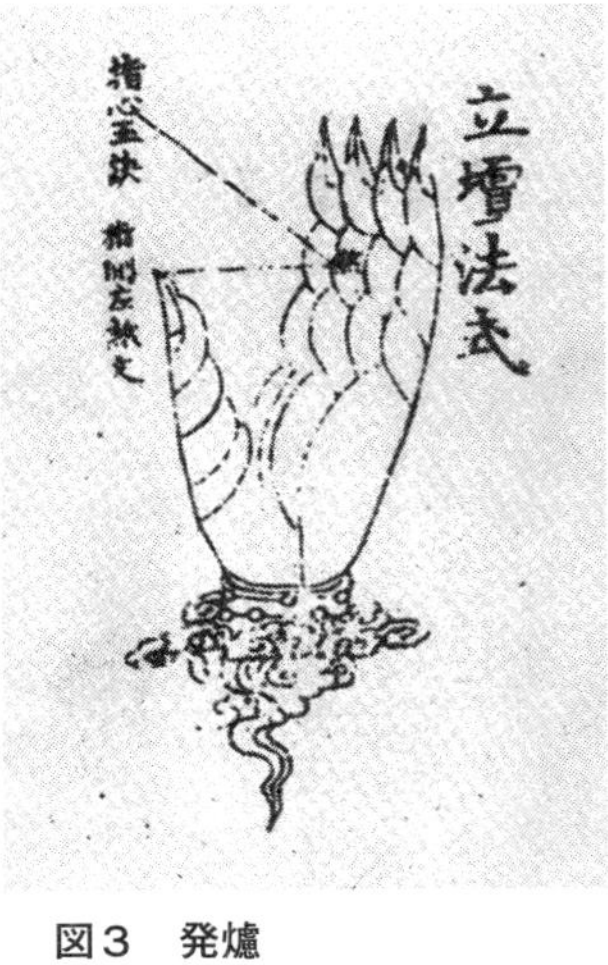

図3　発爐

せることである。

これで準備は完了である。あとは、呪文を唱えればよい。ただし、道教経典に多いことではあるが、『秘蔵通玄変化六陰洞微遁甲真経』には呪文が記されていない。呪文は口伝《くでん》なのである。ちなみに、『三国志平話』の諸葛亮は、風を呼ぶ時に叩歯をしている。「三国志」の物語が、本来こうした道術と密接な関係にあったことを今に伝える。

兵陰陽家

ところが、毛宗崗本には、禹歩や叩歯は記されない。道術がリアリティーを欠く理由である。元代中期の『三国志平話』から、元末明初の羅貫中がまとめた『演義』、そして完成版である清代初期の毛宗崗本と、時代を下るにつれ、儒教的な歴史観に基づきながら、物語を史実に近づける作業が繰り返されて、道教の教義や道術は、小説に載せてもらえなくなった。こうして、毛宗崗本では、諸葛亮の『奇門遁甲天書』は由来の知れない魔術の書になってしまった。

そもそも、近代以前の戦いは、すべてが合理的な判断で行われたわけではない。占いなどの呪術が、軍事と密接に結びついていた。こうした呪術的兵法を『漢書《かんじょ》』では、『孫子《そんし》』などの「兵家《へいか》」と区別して、「兵陰陽家《へいいんようか》」と呼んでいる。軍を起こす時に、その日時の吉凶を占い、天体の方角に留意し、天象・気候を観察して、鬼神の助力を得るという、きわめて呪術性の高い兵法である。

諸葛亮は、兵法書を著し、兵家としての評価も高い。諸葛亮の兵法書『便宜十六策《べんぎじゅうろくさく》』は、部分的に残存する。そこには、敵情を把握した後、地形に基づき戦闘を行うべきこと、軍を維持するための七つの禁止事項などが記されている。理智的な兵法と言えよう。ところが、『演義』で諸葛亮が繰り出す戦術は、ほとんどが兵陰陽家に属する兵法である。『宋史《そうし》』には、すでに散逸した『諸葛亮十二時風雲気候《しょかつりょうじゅうにじふううんきこう》』という本の存在が記録されている。兵陰陽家は、天体の運行や雲気の状態から軍事の吉凶を占うので、諸葛亮に仮託される『諸葛亮十二時風雲気候』も、その方法を記載した本であろう。

『演義』は、偽書に描かれた兵陰陽家としての諸葛亮像をも継承しながら、一方で道術の合理化に努め道教との関わりを少なくしていったのである。諸葛亮は「智絶」であって、「妖絶」でも「魔絶」でもない。諸葛亮の道術は、異人から伝授された『奇門遁甲天書』を学んだ叡智の結果として発揮される。黄巾の張宝《ちょうほう》たちが使う妖術とは起源を異にするのである。そのため、道教の教義をそのまま小説に載せることはなかったのであろう。こうして『演義』では、諸葛亮の『奇門遁甲天書』は、由来の知れない魔術の書となったのである。

3　遺孤を託す

肝脳 地に塗れるとも恩に報いる

三顧の礼に見られた劉備と諸葛亮とのせめぎあいは、劉備の崩御まで続いた。それが顕著に現れるものは、劉備の遺言である。ただし、『演義』はもとより、『三国志』もまた劉備の遺言を諸葛亮との厚い信頼関係の現れとして記述する。『演義』より見ていこう。

関羽の仇討ちのため呉に攻め込んだ劉備は、夷陵《いりょう》の戦いで陸遜《りくそん》に敗れ、白帝城《はくていじょう》で死の床についた。劉備は、成都《せいと》から諸葛亮を呼び、あとつぎの劉禅《りゅうぜん》を託す。

「朕はもう死ぬ。最期にぜひとも申しておきたいことがある」。「なにとぞお聞かせくださりませ」。先主（劉備）は泣きながら言った。「君の才能は曹丕の十倍はある。必ずや天下を安んじ大事を成し遂げることができよう。もし太子（劉禅）が補佐するに値すれば輔《たす》けてほしい。しかし、その才能がなければ、君が自ら成都の主となってほしい」。孔明は聞き終わると、全身に汗を流し、手足を置くところもなくして、地にひれ伏して泣きながら応えた。「臣《わたし》は、必ずや太子の股肱となって力を尽くし、忠貞の節義を全うして、死ぬまで太子を支えてまいります」。言い終わると血が流れるまで頭を床に叩きつけ続けた。先主は再び孔明を座につかせて、魯王劉永《ろおうりゅうえい》・梁王劉理《りょうおうりゅうり》をさしまねいて孔明の前に進ませ、「おまえたちは二人とも朕の言葉を記録せよ。朕なき後、おまえたち兄弟三人（太子劉禅と魯王劉永・梁王劉理）は、みな父と思って丞相に仕えよ。決して怠ってはならぬぞ」と言うと、二人に命じて孔明に拝礼させた。二人が跪拝《きはい》し終わると孔明は言った。「臣は肝脳《かんのう》地に塗《まみ》れるとも、この御恩の万分の一にもお応えできますまい」。（第八十五回）

劉備の遺言は、『三国志』諸葛亮伝をほぼ踏襲しているが、「臣は肝脳地に塗《まみ》れるとも、この御恩の万分の一にもお応えできますまい」という部分は、『演義』の創作である。これが入ることにより、諸葛亮が五丈原《ごじょうげん》で陣没することは、劉備の遺託《いたく》に応えるものであったこと、死ぬまで劉備に対して亮が「忠義」を尽くしたことが強調されていく。見事な演出と言えよう。

『演義』は、『三国志』を典拠とする史実化を進めながら、すべて史実にしてしまうのではなく、そこにわずかな虚構を加えることによって、史実の重要な部分を誇張するという手法をとっている。ここでは諸葛亮の劉備に対する「忠義」である。これは陳寿の『三国志』もまた、強く説くところである。

君自ら取る可し

『演義』のもととなった劉備の遺言を陳寿は次のように伝える。「若《も》し嗣子《しし》輔《たす》く可《べ》くんば、之を輔けよ。如《も》し其《そ》れ不才なれば、君 自ら取る可し（もし嗣子〔劉禅〕が補佐するに値すれば輔けてほしい。もしその才能がなければ、君が自ら〔君主の地位を〕取るべきである）」。後半の部分を『演義』は分かりやすく改変している。

陳寿の『三国志』諸葛亮伝は、この言葉に君臣の信頼関係を象徴させ、この後の諸葛亮の一生は、劉禅を託された信頼に応える忠《ちゅう》で貫かれていた、と強調する。しかし、明《みん》の遺臣である王夫之《おうふうし》（王船山）は、劉備の遺言を、出してはいけない「乱命《らんめい》」であるとし、「この遺言から、劉備が諸葛亮を、関羽《かんう》のように全面的には信頼していないことが分かる」と述べている。

たしかに、誰の目にも劉禅に皇帝としての才がないことは明らかであった。遺言の「如《も》し其《そ》れ不才」より前の部分は、あまり意味を持たない。諸葛亮に対し、劉禅に代わって即位せよ、と言っているのも同然なのである。そのため、李厳《りげん》は亮に「そろそろ九錫《きゅうせき》を受けたらどうですか」と勧めている。劉備の遺命に基づき皇帝になる準備をせよ、というのである。諸葛亮は、笑ってごまかすしかなかった。劉禅に才能がなければ自分が即位することは、劉備の命令である。かと言って、命令に従えば、亮を父と慕う劉禅を裏切り、漢の復興という志を捨てることになる。このように臣下が従うことのできない君主の命令を「乱命」と呼ぶ。

こうした遺言を劉備が残した理由は、陳寿が強調する忠のベールを剝がすと見えてくる、劉備と諸葛亮の間の緊張関係にある。諸葛亮たち名士の抱負は、自分たちが政権の中心となり、新たなる理想の国家を建設することにあった。そのためには、君主と争ってでも政策を推進していく。具体的には、劉備に嫌われていた劉巴《りゅうは》の任用をめぐり、劉備と諸葛亮とはせめぎあっていた。劉巴の才能を評価する諸葛亮は、いやがる劉備を押し切り、行政長官である尚書令《しょうしょれい》に任命させる。尚書令は、かつて劉備が諸葛亮とそりの合わない法正《ほうせい》を据えて、諸葛亮の勢力を牽制していた官職であった。

劉備の遺言は、こうした両者のせめぎあいの結果出された「乱命」なのである。関羽・張飛のみならず、夷陵の戦いで挙兵以来の軍勢を失った劉備は、「乱命」により諸葛亮の即位に釘《くぎ》をさすことでしか、劉禅の未来を守れない、と考えたのであろう。

出師表

劉備に疑われたことは、諸葛亮には心外であったに違いない。それでも、漢室復興の志と誠実な人柄が、諸葛亮を忠臣とした。乱命を無視して、劉禅を全力で補佐し、国是である曹魏への北伐に向かう。その際、劉禅に捧《ささ》げたものが出師表《すいしのひょう》である。古来、「忠」を代表する文とされ、「これを読んで泣かない者は不忠である」と言われた、日本でも読み継がれてきた千古の名文である。一部を省略しながら、訓読で掲げてみよう。

先帝《せんてい》（劉備）創業 未だ半ばならずして中道《ちゅうどう》に崩殂《ほうそ》せり。今 天下《てんか》三分《さんぶん》し、益州《えきしゅう》疲弊《ひへい》す。此《こ》れ誠《まこと》に危急存亡《ききゅうそんぼう》の秋《とき》なり。……臣《しん》（諸葛亮）は本布衣《もとふい》、躬《みずか》ら南陽《なんよう》に耕し、苟《いやしく》も性命《せいめい》を乱世《らんせい》に全《まっと》うし、聞達《ぶんたつ》を諸侯《しょこう》に求めず。先帝、臣《しん》の卑鄙《ひひ》なるを以《もっ》てせず、猥《みだ》りに自ら枉屈《おうくつ》し、三《み》たび臣を草廬《そうろ》の中に顧《かえり》み、臣に諮《はか》るに当世《とうせい》の事を以てす。是《これ》に由《よ》り感激し、遂に先帝に許すに駆馳《くち》を以てす。……今 南方《なんぽう》已《すで》に定まり、兵甲《へいこう》已《すで》に足らば、当《まさ》に三軍《さんぐん》を奨率《しょうそつ》し、北のかた中原《ちゅうげん》を定むべし。庶《ねが》わくは駑鈍《どどん》を竭《つく》し、奸凶《かんきょう》を攘《はら》い除き、漢室を興復《こうふく》し、旧都《きゅうと》に還《かえ》らん。此《こ》れ臣が先帝に報いて、陛下に忠《ちゅう》なる所以《ゆえん》の職分《しょくぶん》なり。……臣 恩を受《う》くるの感激に勝《た》えず。今 遠く離るるに当《あ》たり、表《ひょう》に臨みて涕零《なみだお》ち、言う所を知らず。（『三国志』諸葛亮伝、毛宗崗本第九十一回も同じ）

諸葛亮は、出師表の中で十三回も「先帝」という劉備を指す言葉を用いている。劉禅に捧げたにも拘らず、「陛下」という劉禅への呼びかけは六回に過ぎない。諸葛亮が、「先帝」を多用するのは、自らが劉備の信任を受けて、劉禅に忠を尽くしていることの確認のためである。劉備の遺言がそうした配慮を諸葛亮に必要とさせてしまったのである。

幸い、劉禅は諸葛亮を固く信じ続けた。亡国の暗君として有名な劉禅であるが、諸葛亮を「相父《しょうほ》」（丞相である父）と慕い、全く疑わなかったことは、諸葛亮が忠臣として生を全うできた大きな要因として、もう少し評価されてもよい。

出師表を捧げた諸葛亮は、曹魏への北伐に向かう。繰り返される北伐の中で、唯一勝機があったのは、涼州《りょうしゅう》を取り長安に向かうという諸葛亮の戦略が知られていなかった第一次北伐だけであった。しかし、弟のように愛した馬謖《ばしょく》の失態により諸葛亮は敗退する。

泣いて馬謖を斬る

第一次北伐は、おとりの趙雲軍が曹魏の主力の曹真《そうしん》軍を引きつけ、順調に進んだ。天水《てんすい》・南安《なんあん》・安定《あんてい》の三郡を取り、涼州を曹魏から遮断したのである。しかし、隴西太守《ろうせいたいしゅ》の游楚《ゆうそ》は守りを固めて援軍を待ち、涼州刺史《しし》の徐邈《じょばく》も金城《きんじょう》郡で抵抗を続ける。さらに、明帝《めいてい》は長安に出陣し、孫呉に備えていた張郃《ちょうこう》を救援に向かわせる、という最善の策を採った。それでも、張郃の到着までに涼州を落とせば、蜀漢の優位は動かない。

諸葛亮は、張郃を食い止める場所を街亭《がいてい》と定め、その守将に馬謖を任命した。張郃を止めれば涼州が取れるという大役である。宿将の魏延《ぎえん》か呉懿《ごい》が任命されると周囲は考えていた。それでも、諸葛亮は馬謖に重任を授けた。馬謖の兄で「白眉《はくび》」と称えられた馬良《ばりょう》は孫呉との夷陵《いりょう》の戦いに没し、龐統《ほうとう》も入蜀の際に戦死し、徐庶は曹魏に仕え、荊州の襄陽《じょうよう》で諸葛亮と勉学に励んだ旧友は、数少なくなっていた。そうした中、馬謖だけが、諸葛亮の傍らで煌《きら》めく才能を見せ続けていたのである。長期戦化するであろう曹魏との戦い、病を抱えた四十八歳の諸葛亮は、自分の後継者と成り得る若い才能に賭けたのである。

諸葛亮は馬謖に、「山上に陣取るな」と命じて出陣させた。街道を守れば、少数の兵でも大軍を防げるためである。ところが馬謖は、大勝を求めて命令を無視し、山上に陣を布いた。諸葛亮の後継者と周囲に認めさせるためには、亮に命ぜられた以上の戦功を挙げたいと焦ったのである。配下の王平《おうへい》は諫めたが、馬謖は聞く耳を持たない。名将の張郃は、山を包囲して水や食糧の補給路を絶った。これにより馬謖の軍は困窮し、ただ一度の戦いで敗退する。馬謖と同じ荊州名士の向朗《しょうろう》は、これを庇《かば》って報告を怠《おこた》り、傷口を深くした。南征によって編成した強力な異民族部隊を率いる王平は、難しい殿軍《しんがりぐん》を引き受け、隊伍整然と引き退いたので、張郃は追撃しなかった。

諸葛亮の北伐は、緒戦からつまずいた。結局、最後まで街亭での失敗を取り戻すことはできなかった。『演義』はこの後も、諸葛亮が北伐で勝利を収める場面を描き続けるが、国力の差は如何ともしがたく、中原を回復することはできなかった。唯一、勝機があった第一次北伐の敗戦の原因は、諸葛亮による馬謖の抜擢にある。劉備は臨終の折、諸葛亮に「馬謖はいつも実力以上のことを口にしている。重く用いることはできない。君もその点を十分に考えるとよい」と忠告していた。それにも拘らず、諸葛亮が馬謖を重用したのは、劉備とのせめぎあいの影響である。諸葛亮とそりの合わない法正《ほうせい》を寵用して亮を牽制する劉備に対して、亮は馬謖だけではなく、劉巴《りゅうは》・李厳《りげん》・蔣琬《しょうえん》・費禕《ひい》といった荊州名士を自らの政治基盤として次々と抜擢していた。

だからこそ諸葛亮は、「泣いて馬謖を斬」らざるをえなかった。荊州名士の馬謖の失敗を諸葛亮が庇えば、益州の反発を招き、蜀漢を瓦解させかねない。すでに荊州名士の向朗が、馬謖を庇い損害を大きくしている。蜀漢は、曹魏・孫呉よりもその成立が遅れた。しかも、支配する領土は益州一州に過ぎない。公正な政治を行って、益州の支持を受けなければ、すぐさま滅亡してしまう。そうした危機感の中で、諸葛亮は馬謖を斬り、向朗を免官、自らをも罰して丞相から右将軍《ゆうしょうぐん》へと退き、益州に敗戦を詫《わ》びた。こうしなければ蜀漢は立ち行かなかったのである。諸葛亮は、法に基づき公平に、そして誠実に政務をこなしていった。

さらに、諸葛亮は、益州自体への国家支配も整備した。農業生産の要《かなめ》である都《と》江堰《こうえん》（成都盆地に岷江《びんこう》の水を分ける水利施設）には、それを管理するための堰官《えんかん》を置き、灌漑《かんがい》により農作物の増産に努めた。また、司塩校尉《しえんこうい》を設け、亮の信任厚い荊州名士の王連《おうれん》が、塩・鉄の専売を展開する。さらには、蜀の特産品である錦《にしき》の生産にも力を注ぎ、漢嘉《かんか》の金・朱提《しゅてい》の銀を採掘し、鉄山の所有と開発により、武器の製造にも努めた。南征《なんせい》（孫呉と結んで反乱を起こしていた孟獲《もうかく》らを従えた遠征）はこうした政策の延長である。そして、北伐の際には、軍隊に屯《とん》田《でん》を行わせ食糧の自給に努め、督農《とくのう》を置いて農業を掌《つかさど》らせた。成都から遠く離れた漢中《かんちゅう》における曹魏との長期戦を支えたものは、これら諸葛亮の経済政策の成功にあった。この結果、益州は諸葛亮の統治を歓迎し、その滅亡後も蜀漢への思いを持ち続けたのである。

これに対して、姜維《きょうい》の北伐（諸葛亮の死後、曹魏を滅ぼすために、主として涼州へ出撃したが、鄧艾《とうがい》に敗れて戦果を挙げられなかった）は、こうした内政を伴わなかった。益州に怨嗟《えんさ》の声が高まり、陳寿の師である譙周《しょうしゅう》が降服を主唱したのはそのためである。荊州名士という政治基盤を持たない涼州出身の姜維を諸葛亮と比較するのは酷であるが、馬謖を斬った諸葛亮の政治判断の正しさは、姜維の北伐への反発が示しているのである。

4　八卦の陣

陣を競う

「三国志」の物語の中で、諸葛亮の兵法は、最も興味を集めるものの一つである。『演義』では、諸葛亮は神算鬼謀《しんさんきぼう》の大軍師として様々な兵法を駆使する。なかでも、好敵手の司馬懿を陣形比べで破る場面は圧巻である。曹真に書を送って憤死させた諸葛亮は、大軍を率いる司馬懿と雌雄を決すべく、まず陣立てを競いあう。

　司馬懿が中軍に入って、黄旗を一振りすると、左右の軍勢が動いて、一つの陣を布いた。司馬懿が陣頭に馬を進めて、「この陣立てを知っているか」と言うと、孔明は笑って、「それしきの陣。わが軍では末将に至るまで容易に布ける。混元一気《こんげんいっき》の陣である」。「しからば、貴君がやってみよ」。孔明は陣中に入って羽扇を一振りし、再び陣頭に出ると「この陣が分かるか」と尋ねる。「それは八卦《はっけ》の陣ではないか。知らないでどうする」。「知っておるなら、破ってみよ」。「よいとも」。司馬懿は、本陣に帰ると、戴陵《たいりょう》・張虎《ちょうこ》・楽綝《がくちん》の三人を呼んで命じた。「いま孔明が布いた陣には、休《きゅう》・生《せい》・傷《しょう》・杜《と》・景《けい》・死《し》・驚《きょう》・開《かい》の八門がある。そなたたちは、真東の生門より駆け入って、南西の休門に斬って出で、取って返して真北の開門より駆け入れば、この陣は必ず破れる。よくよく心してやってまいれ」。……陣は十重二十重《とえはたえ》に重なって至るところに門があり、西も東も分からない。三人はもはや味方のことを考える暇《いとま》もなく、てんでに駆けめぐれば、たちまち愁雲《しゅううん》漠々《ばくばく》、惨霧《さんむ》濛々《もうもう》として、どっと喊声《かんせい》が湧《わ》くと見る間に、魏の同勢は一人一人縛り上げられ、本陣に引き立てられた。(第百回)

諸葛亮と似た陣は、曹仁も「八門金鎖《はちもんきんさ》の陣」として布いている。曹仁の陣は、徐庶に破られているのに、諸葛亮の八卦の陣を司馬懿は破ることができなかった。諸葛亮の八卦の陣とはいかなる陣であろうか。

八卦の陣の正体

陳寿は『三国志』諸葛亮伝の評で、「諸葛亮は臨機応変の戦術を、得意としなかったのではないか」と述べ、諸葛亮の軍事能力を手放しで賛美することはない。それでも、司馬懿の次子司馬昭《しばしょう》は、蜀漢を滅ぼした後、陳勰《ちんきょう》に諸葛亮の陣形・用兵・軍旗を使った軍隊の統制方法を継承させた、と『晉書』に記される。諸葛亮の兵法は、西晉《せいしん》へと受け継がれるだけの内容を備えていたのである。しかし、やがて西晉は混乱し、陳勰が受け継いだはずの兵法の伝承は途絶えた。このため、『三国志』諸葛亮伝の「兵法を押し広めて、八陣《はちじん》の図を作った」という簡単な記述に対して、様々な推測がなされることになった。

唐代の初めには、『文選《もんぜん》』の注に引かれる『雑兵書《ざっぺいしょ》』も説くように、諸葛亮の八陣は、方《ほう》陣《じん》・円陣《えんじん》・牝陣《ひんじん》・牡陣《ぼじん》・冲陣《ちゅうじん》・輪陣《りんじん》・浮沮陣《ふしょじん》・雁行陣《がんこうじん》という八種類の異なった陣形の総称と考えられるようになっていた。これに対して、唐の名将李靖《りせい》の著とされる『李衛公問対《りえいこうもんたい》』は、八陣とは八つの陣の総称ではなく、本来一つの陣が分かれて八になるものである、とした。もっとも、現在では、一九七二年に出土した『孫臏兵法《そんぴんへいほう》』（従来から伝わっていた『孫子《そんし》』は孫武《そんぶ》の兵法書）という新史料により、八陣とは、八つの陣でも一つの陣でもなく、布陣法という意味の軍事用語であることが分かっている。『三国志』諸葛亮伝は、亮が兵法を究めて、その布陣法を図示したことを表現しているのである。

しかし、唐代には、諸葛亮の布陣法も八陣の本来の意味も伝わっていなかったので、『李衛公問対』に説かれる八陣が、以後の理解の基本となった。『李衛公問対』は、八陣を「井」の字型の方陣《ほうじん》で、四正《しせい》（四方面の正兵）と四奇《しき》（四方面の奇兵）からなるとする。さらに八陣の起源を説明して、中国の伝説上の最初の支配者黄帝《こうてい》が定めたものとしたのである。

八陣が八卦の陣と呼ばれるのは、『演義』が、八陣の四正・四奇を『奇門遁甲《きもんとんこう》』の八門《はちもん》に配当したことによる。『奇門遁甲』とは、黄帝が九天玄女《きゅうてんげんじょ》から受けた天書《てんしょ》であり、周《しゅう》の太公《たいこう》望《ぼう》・漢の張良《ちょうりょう》、そして諸葛亮が受け継いだものとされ、九宮《きゅうきゅう》を考え方の根本に置く。九宮とは、「洛書《らくしょ》」の九宮図に基づく思想である。「洛書」は、洛水《らくすい》に浮かび出た神亀《じんき》の背中に描か

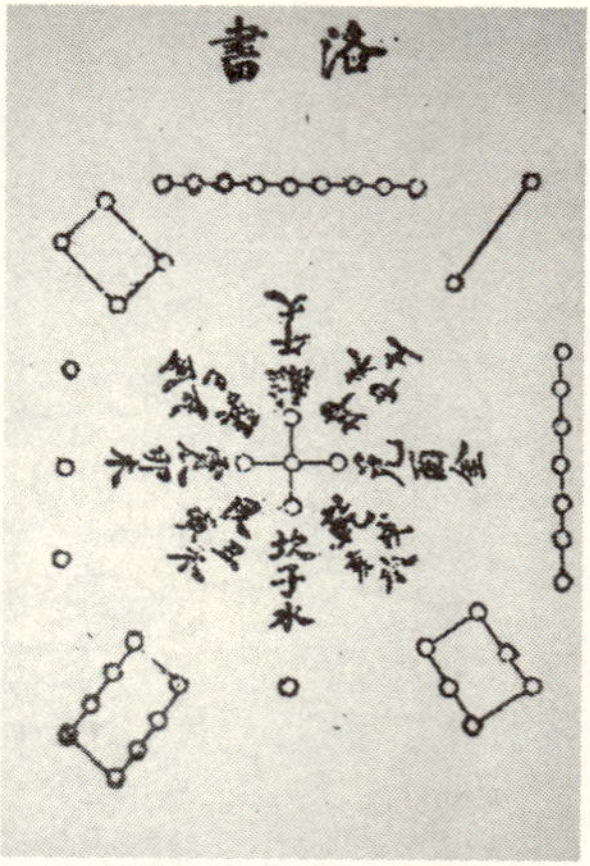

図4　洛書

れていた図形である。「洛書」の九数図《きゅうすうず》は、縦・横・斜めの総和が十五になる魔方陣《まほうじん》で（図4洛書参照）、『易緯乾鑿度《えきいけんさくど》』とその鄭玄《じょうげん》注にある太一九宮《たいいつきゅうきゅう》の法に基づく。『奇門遁甲』では、魔方陣として表現される九宮の真ん中を五とし、四面の八方を八門にあてる。八門とは、休門《きゅうもん》・生門《せいもん》・傷門《しょうもん》・杜門《ともん》・景門《けいもん》・死《し》門《もん》・驚門《きょうもん》・開門《かいもん》であり、各門は、北・北東・東・南東・南・南西・西・北西という八つの方位に配当される。八門は、休門・生門・景門・開門が吉であり、傷門・杜門・死門・驚門が凶であるが、『演義』はもう少し複雑に、生門・景門・開門から攻め込むと吉、傷門・驚門・休門から攻め込むと傷つき、杜門・死門から攻め込むと滅亡する、と設定している。

八卦の陣は、『三国志』諸葛亮伝の「八陣」という言葉から展開された陣形が、易の占いと融合した結果、生まれた創作なのである。

子孫に受け継がれる志

諸葛亮は、はじめ子に恵まれず、呉に仕えた兄の瑾《きん》より第二子である喬《きょう》を養子にもらい、後嗣とした。のち、諸葛恪《かく》が失脚して、兄の家系が途絶えると、すでに亡くなっていた喬の子の攀《はん》を呉に送り、兄の家系を嗣がせた。実子の瞻《せん》が生まれていたのである。瞻は、父の高い名声を受けて、国家に善政が行われると瞻のおかげだと民に慕われた。その栄誉は実態に基づかない、と陳寿は手厳しい。陳寿の父が瞻に罰せられたための悪口であるともいう。たとえ、その才は父に及ばなかったとしても、瞻およびその子の尚《しょう》は、亮の 志《こころざし》 を受け継ぎ、子孫として恥ずかしくない最期を見せて、蜀漢の滅亡に殉じた。

『演義』は、はじめ孫の尚を立派に描こうとして、瞻を貶めてしまう出来の悪い虚構を創作していた。毛宗崗本のもととなった李卓吾本を中心に掲げよう。

鄧艾《とうがい》は（降服要求書を出すべきという助）言に従い、一通の書面をしたため、使者を派遣して蜀漢の陣営に送った。守門の将が帳下《ちょうか》に案内すると、（使者は）その書面を差し出した。諸葛瞻は封を切ってこれを読んだ。……【諸葛瞻は読み終わると、迷って意を決することができなかった。その子の諸葛尚が傍《かたわ》らにあり、尋ねて言った。「父上は魏に降る意志がおありですか」。諸葛瞻はこれを叱って、「わたしがなぜ降るのだ」と答えた。尚は、「わたしが父上を見るところ三つの迷いがございます。魏の使者が陣営に入ることを許され、これと会見しました、第一です。その書面をもらい使者の来た意図を探られました、第二です。琅琊《ろうや》王《おう》に封建する（との降服条件）を見てお怒りになりませんでした、第三です」。諸葛瞻はついにその書面を引きちぎり、「わたしは息子に及ばないのか」と言った。】〔諸葛瞻は読み終わるや、血相を変えて怒り、その書面を引きちぎり〕兵士に直ちに使者を斬り殺させ、従者に首を持ち魏の陣営に帰らせた。従者は鄧艾にその首を見せた。鄧艾は大いに怒り、直ちに討って出ようとした。（第百十七回）

【 】が、李卓吾本より毛宗崗本が削った部分であり、〔 〕が、毛宗崗本の加えた部分である。李卓吾本は、鄧艾からの降服要求書を見た諸葛瞻が、躊躇した後、息子の諸葛尚の助言により、戦いを決意した、とする。毛宗崗本は、『三国志』諸葛瞻伝および『華陽国志《かようこくし》』劉後主志《りゅうこうしゅし》に従って、李卓吾本の記述を改め、諸葛瞻の国への忠を曇りないものとする。さらに毛宗崗本は、諸葛瞻の母、黄夫人の記述を新たに加えている。

　諸葛瞻の母は黄氏といい、黄承彦《こうしょうげん》の娘である。母は容貌こそ優れなかったが、奇才があり、上は天文に通じ、下は地理に明るかった。六韜《りくとう》・三略《さんりゃく》・奇《き》門遁甲《もんとんこう》の諸書で、通暁しないものはなかった。武侯《ぶこう》（諸葛亮）は南陽《なんよう》にあった時、その賢を聞き、求めて妻とした。武侯の学問は、黄夫人の助けを借りたところが多い。武侯の死後、夫人も後を追うように世を去った。臨終にあたって教えを遺し、ただ忠孝に勉《つと》めよ、とその子の瞻に告げた。（第百十七回）

黄夫人の記録を残す『三国志』諸葛亮伝の注に引く『襄陽記《じょうようき》』は、黄夫人が諸葛瞻の生母であるか否かを明記しない。それでも、毛宗崗本は、躊躇なく瞻を黄夫人の実子とする。また、三国故事（『演義』に含まれなかった民間伝説）には、黄夫人が兵書の『六韜』『三略』に通じ、『奇門遁甲天書』を父から継承していた、と伝えるものがある。毛宗崗本は、史実にはない黄夫人の物語を三国故事から取り入れるとともに、夫の諸葛亮の部分にではなく、息子の瞻の叙述に挿入した。そこで強調されるものは、黄夫人が「奇才」を持つことに加えて「賢」母として「忠孝」に勉めよ、との教えを諸葛瞻に遺したことにある。これによって諸葛瞻は国への忠のため、諸葛尚は父への孝のため、緜竹《めんちく》で戦死したことが明らかとなるのである。毛宗崗本は、

武侯（諸葛亮の黄）夫人のことは、（諸葛亮の部分ではなく、諸葛瞻が登場する）終わりの篇になってやっと補われる。この叙述はすばらしい。

と評をつけ、諸葛瞻の部分に黄夫人の記述があることを自画自賛している。

嫡子である諸葛瞻を高めるために、生母の「賢」を描くことは、子は母、就中《なかんずく》賢母を以て貴い、という明清時代の社会通念を小説の表現技法として用いることになるからである。『演義』と同じく明代に成立した『西遊記《さいゆうき》』では、主人公の玄奘三蔵《げんじょうさんぞう》の神聖性を増すために、その母の「賢」が絶賛されている。こうして毛宗崗本は、諸葛亮の忠孝を子孫に及ぼし、その志を全うさせているのである。

毛宗崗本は、「智絶」諸葛亮の智を虚構を駆使して表現するだけではなく、漢の復興という志が、黄夫人の賢を通じて子の瞻と孫の尚に受け継がれたことを描き出す。それにより、漢の復興という諸葛亮の志が、世代を超えて受け継がれるべき『春秋』の大義であることを表現しているのである。

第七章　分かれれば必ず合す　三国志の終焉

1　秋風五丈原

天下の奇才

「孔明が死んで夜講《やこう》の入りが落ち」。江戸時代の川柳である。光和《こうわ》七（一八四）年の黄巾の乱より始まる「三国志」の時代は、咸寧《かんねい》六（二八〇）年の天下統一まで約百年間続く。諸葛亮が五丈原で陣没するのは、建興《けんこう》十二（二三四）年、黄巾の乱から五十年後のことである。あと半分の時代が残っているにも拘《かかわ》らず、全百二十回の毛宗崗本は、「死せる諸葛、生ける仲達《ちゅうたつ》を走らす」の場面を第百四回に描く。あとの五十年には、十六回分しか割り当てないのである。物語は急速に終焉に向かい、虚構もめっきりと少なくなる。しっかりと作り込まれた最後の虚構は、諸葛亮の陣没場面である。作り込み方を分かりやすくするため、最後だけは『三国志』から『演義』へと物語の改変を見ていくことにしよう。

『三国志』諸葛亮伝の本文は、「諸葛亮は病気となり、軍中に卒した。享年五十四歳であった。蜀漢の軍が撤退した後、司馬宣王《しばせんおう》（司馬懿《しばい》）は諸葛亮の陣営が置かれた場所を調べ歩き、『天下の奇才』であると言った」と記す。西晋の基礎を築いた司馬懿が「天下の奇才」と評価する諸葛亮であるからこそ、『諸葛氏集《しょかつししゅう》』（諸葛亮の文集）を編纂していた陳寿が、司馬昭に認められて『三国志』の執筆を命じられたのである。諸葛亮の陣没は、『三国志』からすでに司馬懿の言葉で好意的に語られる。

伝説の形成

戦いは、軍を退《ひ》く時が最も難しい。後ろから攻められると全滅することもある。そのため殿軍が大事なのだが、諸葛亮の将としての優れた点は、撤兵の際に兵を損なわないところにある。北伐はすべて成功しなかったが、一度として撤兵に失敗したことはない。東晋《とうしん》のころには、その撤兵に伝説が生まれていた。

裴注《はいちゅう》に引かれる東晋の習鑿歯《しゅうさくし》の『漢晋春秋《かんしんしゅんじゅう》』は、百姓《ひゃくせい》（人々）の俚諺《りげん》（卑近な諺《ことわざ》）として次のような諸葛亮伝説を記録している。

（諸葛亮の死後）楊儀《ようぎ》たちが軍勢を整えて出発すると、民は急いで司馬宣王（司馬懿）に報告したので、宣王は追撃した。姜維《きょうい》は楊儀に、軍旗を反《かえ》し陣太鼓を打ち鳴らして、あたかも宣王に立ち向かおうとする様子を示させた。宣王は引き退き、あえて近づこうとはしなかった。そののち楊儀は隊列を組んで引き揚げ、谷に入ってから喪《も》を発した。宣王が退却したことで、人々は諺を作り、「死せる諸葛《katu》、生ける仲達《tatu》を走らす（葛と達が韻を踏んでいる)」とした。ある人が宣王に告げると、宣王は、「わたしは生きている者を謀《はか》ることはできるが、死んだ者を謀ることはできない」と言った。

習鑿歯の『漢晉春秋』は、晉は魏ではなく漢を受け継いだ国家であるとし、曹魏の正統を認めない。それでも、諸葛亮を追憶する人々の「死せる諸葛、生ける仲達を走らす」という諺を伝えるだけではなく、魏臣ではあるが晉の開祖でもある司馬懿の反論も掲げている。晉を正統とする東晉の史書として当然の配慮である。

晉の滅亡後、司馬懿の反論は一時的に消滅し、「死せる諸葛、生ける仲達を走らす」だけが一人歩きを始める。第一章に掲げた、唐《とう》代の『続蔵経《しょくぞうきょう》』四分律鈔批《しぶんりつしょうひ》に引用される諸葛亮伝説では、亮が生前、土を足もとに置き、鏡に顔を映したために、魏の占いでは亮が生きているる と出て、追撃ができなかった、とこの物語を改変する。唐代には諸葛亮の神秘化がすでに始まっていた。

元《げん》の『三国志平話《さんごくしへいわ》』において、諸葛亮の神格化は頂点を迎える。

その夜になると恐ろしい風が吹きすさび、ふと見ると神人《しんじん》が立っており、「軍師(諸葛亮)がわたしを遣わして手紙を届けさせた」と言う。司馬懿が手紙を見ると、その内容は、次のとおりであった。「わたし（諸葛亮）が死んでも、漢の天命はなお三十年ある。もし、蜀漢が滅べば、曹魏もまた滅び、孫呉がそれに次ぐ。なんじ（司馬懿）の子孫に天下を統一する者が出るであろう。しかし、もしなんじが惑って軽挙妄動すれば、禍《わざわい》はなんじ自身に及ぶであろう」。司馬懿は読み終わると従わない気配を見せた。すると神人は、司馬懿をどなりつけた。司馬懿は唯々《いい》諾々《だくだく》と言った。「軍師のご命令に従います」。こののち、司馬氏はそれぞれ辺境に向かい、蜀漢と戦うことをせず、朝廷に帰っていった。（『三国志平話』巻下）

ここでの諸葛亮は、未来を予知する能力を備え、神人を使者として司馬懿に三国の滅亡と司馬氏による統一を予言する。これでは神である。諸葛亮を高く描こうとする意図は分かるが、かえって荒唐無稽《こうとうむけい》で空々しい。文学としての完成度は低い、と言わざるを得ない。

神から「智絶」に

これに対して、毛宗崗本では、人である諸葛亮が、死ぬ間際まで漢復興の志を捨てず、兵を損なわないように、人智の限りを尽くして、死後の準備をしたことが語られる。

司馬懿はある夜、天文を観ていると、赤色で光に角《かど》のある大きな星が、東北の方角から西南の方角に流れ、蜀漢の陣地に墜《お》ちて、二度三度とはねあがり、殷々《いんいん》たる音がした。司馬懿は驚き喜んで言った。「孔明は死んだ」。司馬懿は、直ちに大軍を起こして蜀漢軍を追撃するよう伝え、陣門を走り出ようとする時に、ふとまた疑いを抱いた。孔明は、六丁《りくてい》・六甲《りくこう》の法を巧みに操ることができる。いま、わたしが長い間戦いに応じないので、この術を使って死んだと見せかけ、わたしを誘い出そうとしているのではないか。いまこれを追撃すれば、必ずその計略に嵌《は》まろう。……（それでも）司馬懿は自ら軍を率いて追撃した。ある山の端《は》をまわった時、ほど遠くないところに蜀漢の軍勢が見えたので、勇躍して馬を飛ばした。そこへ、山かげから石火矢《いしびや》の音が響くと、どっと喊声《かんせい》が沸き上がり、蜀漢の軍勢が一斉に軍旗を翻《ひるがえ》して、陣太鼓を鳴らし向かってくる。木陰にひらめく中軍の大旗に一行大書された文字は「漢の丞相《じょうしょう》・武郷侯《ぶきょうこう》諸葛亮」とあった。司馬懿は、大いに驚き顔色を変えて目をこらすと、軍中から数十人の将が一輌《いちりょう》の四輪車を擁して現れた。車に端坐しているのは、綸巾《りんきん》羽扇《せん》、道袍黒帯《どうほうこくたい》、まぎれもない孔明その人である。司馬懿は仰天して、「孔明はまだ生きていたのか。わたしは軽々しく深追いして、孔明の計略に堕ちてしまった」と言うと、急いで馬に鞭《むち》打ち、引き返して逃げ出した。……二日が経ってから、土地の者が、「蜀漢の軍勢は谷の中に引き揚げると、哀しく泣き始め、その声は地を震わすほどでした。軍の中には白旗（弔意を表す）が掲げられています。やはり孔明は死んだのです。後詰《ごづめ》は姜維の率いる一千騎だけで、一昨日、車に乗っていた孔明は、木像でした」と知らせて来た。司馬懿は嘆息して言った。「わたしは生きている人間を謀ることはできるが、死んだ人間を謀ることはできない」。これより、蜀の人々は「死せる諸葛、生ける仲達を走らす」と言い囃《はや》すようになったのである。

（第百四回）

毛宗崗本は、司馬懿が天文により諸葛亮の死を知りながらも、亮の「六丁・六甲の法」を警戒しながら追撃する、と設定することにより、木像を見て逃げ出す伏線を張る。そのうえで、追撃してきた司馬懿を姜維が迎え撃ち、諸葛亮の木像を見た司馬懿が仰天して逃げ出す模様を周到に描き、亮が生前に立てておいた計略によって、「死せる諸葛」がいかに「生ける仲達」を走らせたのか、合理的に説明する。

ここに描かれる諸葛亮は、不可能なことなど何もない『三国志平話』の神に見紛《みまが》う諸葛亮ではない。人間としての「智絶」諸葛亮である。毛宗崗本は、『漢晉春秋』にあった司馬懿の反論を書き漏らさないことで、天下を統一する司馬炎《しばえん》の祖先を亮の好敵手として印象づけるとともに、その死去の場面まで諸葛亮の「智絶」を描ききっているのである。

2　司馬氏の台頭

狼顧の相

三国を統一する西晉の基礎を築いた司馬懿は、「狼顧《ろうこ》の相《そう》」であったと『晉書《しんじょ》』宣帝紀《せんていき》（司馬懿の本紀）に記される。曹操がそれを調べようと、前を行かせて振り返らせたところ、たしかに顔だけ後ろを向いて身体は前を向いたままであったという。

司馬氏を正統とする『晉書』の本紀の記事であるから、ある程度は真実を伝えるものであろう。いかにも狡猾《こうかつ》・悪辣《あくらつ》な印象を与える人相である。毛宗崗本第百六回は、司馬懿が政敵の曹爽《そうそう》を油断させるためにうった芝居を次のように描く。

曹爽は大権を握って以来、仲達（司馬懿）の様子を知らなかったので、たまたま魏主が李勝《りしょう》を荊州刺史《けいしゅうしし》に任命したことを機に、仲達へ暇乞《いとまご》いに行き、様子を探ってくるよう命じた。……「久しくお目にかからぬ間に、これほどお悪くなっていようとは、全く思いもかけませんでした。わたくし、このたび荊州刺史を仰せつかりましたので、お暇乞いに参上いたしました」、と挨拶すると司馬懿はとぼけて、「并州《へいしゅう》は北の胡《えびす》にも近いゆえ、よくよく備えるがよいぞ」と答える。「荊州刺史に任じられたので、并州ではございませぬ」。司馬懿は笑って、「おお并州から参ったと申すか」。……李勝が仲達のもとを辞して曹爽のところに取って返し、これを逐一報告すると、曹爽は驚喜した。「そのざまでは、もう死んだも同然だ。これでわたしも気が楽になった」。

司馬懿の狡猾さがよく表現された物語であるが、毛宗崗本の記述は、『三国志』曹爽伝の裴注に引く『魏末伝《ぎまつでん》』とほぼ同じである。司馬懿は、毛宗崗本の作り込みを待たず、本来的に狡猾であったと考えてよい。

司馬懿が曹爽一派と対立したのは、曹爽が司馬懿から権力を奪回しようとしたためである。諸葛亮が陣没した後、明帝（曹叡）は、司馬懿が握る軍事力を警戒し、遼東《りょうとう》の公孫氏の討伐を命じた。兵力の損傷や思わぬ苦戦までは望まないとしても、都の洛陽から遠ざけ、政治活動を制限しようとしたのである。ところが、司馬懿は短期間で公孫氏を平定し、その間逆に明帝が病に斃《たお》れた。新たに即位した曹芳《そうほう》（斉王《せいおう》）を支える曹爽は、明帝の果たせなかった司馬懿の抑え込みを目指したのである。

司馬懿は、これに対してクーデタを起こす。正始《せいし》の政変である。皇帝の曹芳が明帝の高平《こうへい》陵《りょう》へ墓参する際、曹爽はお供として従った。司馬懿は、この隙を見逃さなかった。郭皇太后《かくこうたいごう》に曹爽兄弟の解任を上奏し、許可されると皇太后の令により、洛陽城内のすべての城門を閉鎖、皇帝直属の禁軍《きんぐん》の指揮権を掌握する。さらに皇帝を迎えるため、洛水《らくすい》のほとりに布陣し、曹爽を弾劾する上奏文を皇帝に奉った。曹爽の腹心である桓範《かんはん》は決戦を主張したが、免官のみに止めるという甘言に負けた曹爽は、戦わずして降服、司馬懿はわずか一日の無血クーデタにより、政権を奪取した。むろん、曹爽との約束は、反故《ほご》にされた。曹爽とその一派の何《か》晏《あん》たちは誅殺され、以後、司馬氏への権力集中が進んでいく。

司馬氏への抵抗

嘉平《かへい》三（二五一）年、司馬懿が死去すると、長子の司馬師《しばし》が撫軍大将軍《ぶぐんだいしょうぐん》・録尚書事《ろくしょうしょじ》として、父の地位を継承した。司馬師は地位を盤石にするため、曹爽一派でありながら生き延びた夏《か》侯玄《こうげん》を除くことを目指す。夏侯玄を評価していた李豊《りほう》を陥れ、司馬師暗殺の陰謀を無理やり自白させると、夏侯玄と李豊を処刑した。さらに、その陰謀に皇帝の曹芳が関わったと言い立て、郭皇太后を脅かして皇帝を廃位させた。

皇帝の廃立をも欲しいままにする司馬師の専断に、寿春《じゅしゅん》に駐屯していた鎮東将軍《ちんとうしょうぐん》の毌丘《かんきゅう》倹《けん》は激怒する。毌丘倹は、明帝の恩寵を受けていたのである。かつて曹爽に厚遇されていた文欽《ぶんきん》も加わった挙兵に対して、司馬師は自ら軍を率いてこれを平定した。しかし、戦いの最中に病が悪化し、自らも死去する。

司馬師の死後、兄の地位を弟の司馬昭《しばしよう》が継ごうとする。ところが、新皇帝の曹髦《そうぼう》（高貴郷公《こうききようこう》）は、司馬師のもとに駆けつけた司馬昭にそのまま許昌《きよしよう》に止まるよう命じ、尚書《しようしよ》の傅嘏《ふか》に軍を率いて洛陽に戻らせようとした。司馬昭と軍とを切り離そうとしたのである。しかし、傅嘏は皇帝を裏切り、司馬昭側についた。司馬昭は、皇帝の命を無視して洛陽に帰還、皇帝を脅かし、兄と同じ大将軍・侍中《じちゆう》・都《と》督中外諸軍事《とくちゆうがいしよぐんじ》・録尚書事に任命された。こうした司馬昭の専横に対し、諸葛誕《しよかつたん》が寿春で抵抗する。諸葛誕が孫呉に援助を求めたため、司馬昭は孫呉とも戦いながら、諸葛誕を平定、殺害した。諸葛誕の部下の数百人は、諸葛誕の恩を思い、最後まで降服を拒否したので斬刑に処された。凄惨《せいさん》な最期であった。

毛宗崗本は、「曹芳 廃されて、魏家に報《むく》い 果たされる」（第百九回）という題目に表現されるように、こうした司馬氏の横暴を曹氏が漢を簒奪した報いであるとし、曹魏に同情しない。かと言って、「諸葛誕 義をもって司馬昭を討つ」（第百十一回）という題目に表現されるように、司馬氏を正統とすることもない。一方、『三国志』は、皇帝位に就いたまま司馬昭に殺害された曹髦の死を「崩」ではなく「卒」と表記し、その本紀での呼び名を「帝」ではなく「高貴郷公」とするように、西晉を建国した司馬氏を正統化するため曹魏を貶《おとし》めている。曹魏に同情しないことは、毛宗崗本と同じである。

しかし、陳寿は、司馬師に討たれた毌丘倹、司馬昭に平定された諸葛誕を志の曲がった者だと評している。毌丘倹・諸葛誕は、いずれも司馬氏に抵抗し、曹魏を守ろうとした者たちである。陳寿の『三国志』は、魏書にのみ本紀を設ける体裁を取りながらも、毌丘倹・諸葛誕の曹魏への忠義を評価せず、逆に批判までしているのである。これに対して、毛宗崗本は、諸葛誕の「義」を評価する。西晋を「閏運《じゅんうん》」と位置づける毛宗崗本は、『三国志』のように西晋を正統とはせず、司馬氏の血塗《ちぬ》られた権力掌握過程を忌《い》むことなく描き出す。

州大中正の制

したがって、『演義』に描かれる司馬氏だけを見ていくと、司馬氏の勢力拡大の理由が分からない。しかし、司馬氏は、悪辣さだけで三国を統一したわけではない。史実の司馬氏は、三国時代の支配層である名士の既得権を守り、名士を貴族へ変貌させていく国家制度を創出している。中国の貴族制は、官僚制でも封建制でもなく、身分制として皇帝権力により編成された。後漢末に陳羣《ちんぐん》により献策された九品中正《きゅうひんちゅうせい》制度（図5）を前提として、曹魏末に司馬昭が定めた五等爵《ごとうしゃく》制により、国家的身分制としての貴族制が成立したのである。

九品中正制度は、本来的に名士に有利な官僚登用制度であった。漢代の郷挙里選《きょうきょりせん》において、郡国の守相《しゅしょう》に推挙される任官希望者は、郎《ろう》というキャリア官僚のスタートラインに立つだけ

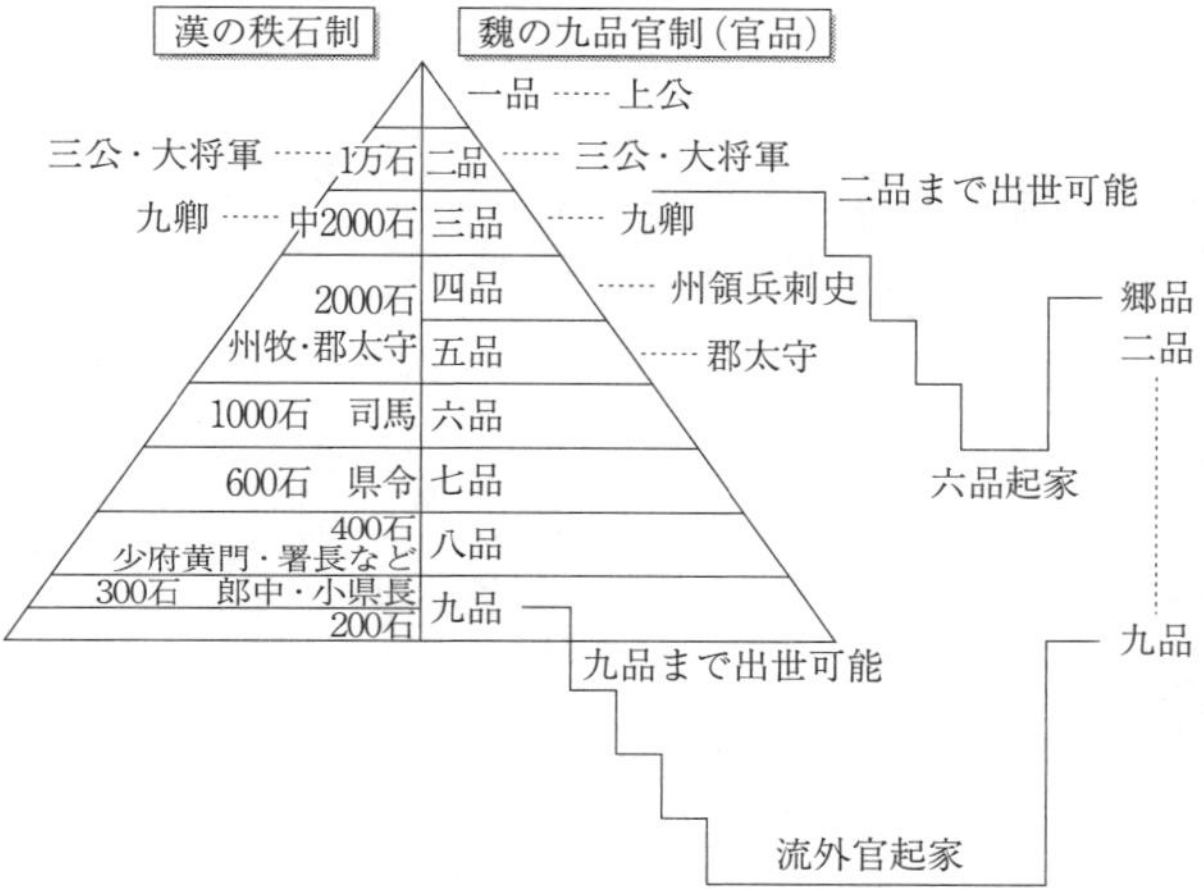

図５　魏の九品中正制度

で、そこからどれだけ出世できるかは、本人の能力次第であった。また、漢代の官僚制度は秩石《ちっせき》制と呼ばれ、秩石（俸給のこと。たとえば郡太守は二千石《せき》）により官僚の地位の高低が示されたが、採用方法によって就きうる上限が定まることはない。孝廉《こうれん》と呼ばれる常挙《じょうきょ》（年一回行われる定例の郷挙里選）であろうが、賢良方正《けんりょうほうせい》などの制挙《せいきょ》（災異が起きた時などに行われる臨時の官僚登用制度）であろうが、三公（秩石は一万石）に就任することができた。

　これに対して、九品中正制度は、郡ごとに置かれた中正官《ちゅうせいかん》が、任官希望者に一品から九品までの郷品《きょうひん》をつけ、その理由となる状《じょう》（人物評価）を付して推挙する。任官希望者は、それぞれの郷品から原則として四品下がった官品《かんぴん》の官職から、官僚として起家《きか》し、順調にいけば、それぞれの郷品と同じ官品の官職まで出世できるのである。たとえば、二品の郷品を得れば、六品官より起家し、最終的に二品（宰相職は二品）に到達できるが、六品の郷品であれば、最終的に六品（県令など）までしか出世できない。例外的に郷品以上の官品に就く場合には、皇帝が特別に詔《みことのり》を出す。

すなわち、九品中正制度は、中正官より得た郷品により、一生の出世がほぼ定まる制度なのである。郷品とともに人物評価である「状」をつける必要があるため、中正官に任命されるものは、おおむね名士であった。また、一度定められた郷品は、不孝を犯すと下げられ、士から除名されることもあった。陳寿は、親の服喪中に薬を作らせたとして郷品を下げられている。喪中は病気になっても服薬しないのが礼であった。

曹氏から権力を奪う過程で、名士の支持を必要とした司馬懿は、州大中正《しゅうだいちゅうせい》の制を提議して、名士の既得権を伸長させた。それまで郡のみに置かれていた中正官に加えて、郡の上の州に大中正を置くことで、州大中正となり得る名士の上層部にさらなる権限を付与したのである。

五等爵制による貴族制の創出

さらに司馬昭は、咸熙元（二六四）年、五等爵制を創設した。『礼記《らいき》』王制篇を典拠とする公《こう》—侯《こう》—伯《はく》—子《し》—男《だん》の五等爵の爵位が、五品官の騎督《きとく》以上の就官者に賜与された。その対象は六百人を超え、実に西晉の全官僚の約一割に及ぶ。五等爵は、公は第一品、侯・伯・子・男は第二品の官品に相当するとされた。したがって、公の爵位を持てば、郷品一品で第五品起家となり、侯・伯・子・男の爵位を持てば、郷品二品で第六品起家することができた。しかも、官位が世襲できないことに対して、爵位は代々受け継ぐことができる。五等爵を得た名士は、代々郷品一品・二品で起家し、高級官僚を世襲することを国家の制度として保証されることになった。こうして名士は、五等爵制という国家的身分制度により、貴族という身分に編成されたのである。

しかし、西晉の貴族は、その代償として、皇帝権力に対する自律性を弱体化させた。本来的には、名士の自律的秩序の表現であった人物評価を「状」として、孝という儒教的価値基準を根底に置いて運営されてきたはずの九品中正制度は、大きな変容を強いられたのである。曹魏では聞かれなかった、九品中正を廃止すべしという議論が現れるのはこのためである。自らの文化を存立基盤とし、それより生ずる名声に基づいて貴族たり得るはずの本来の「貴族」と、五等爵位という皇帝が定めた国家的身分制により外在的に編成された貴族制には距離感がある。

賜爵《ししゃく》は、天子が行う国家的身分体系の秩序形成であり、そこでは名士のそれを起源とする貴族の自律性や輿論《よろん》を考慮する必要はない。そこで、司馬昭は、公―侯―伯―子―男という階層制を持つ五等爵の賜爵を通じて、爵制的な秩序により貴族と君主権力との緊密性を表現し、貴族を国家的身分制として序列化したのである。分かりやすく言えば、司馬氏と婚姻関係を結んだり、司馬氏の血塗られた革命を支持し、その手下となれば高い爵位が得られ、子々孫々高級官僚となる道が開ける。司馬氏に支持が集まった理由である。

しかし、そこには、諸葛亮のような漢への思いや、若き日の曹操のような新たなる世界を創造せんとする気概を感じることはできまい。これでよいのか。司馬氏に従わなかった一群の名士の行動に、後世の中国貴族は自らの理想を見る。「竹林《ちくりん》の七賢《しちけん》」である。

3 詩は志を言う

玄学

「竹林の七賢」は、『演義』には描かれない。権力に抵抗する知識人を記すことは、いつの世でも厳しい制約が付きまとう。国家の官僚となることを第一義とする朱子学の「義」を押し広める『演義』は、「竹林の七賢」を書く必要はない。また、陳寿の『三国志』にも「竹林の七賢」の専伝（個人の独立した列伝）はない。西晉を正統とする史書は、司馬氏に抵抗した知識人の伝記を掲げることに消極的である。

司馬氏と同じ時代を生きた阮籍《げんせき》・嵆康《けいこう》たちは、後世「竹林の七賢」として有名である（七人が同時に活動したわけではなく、「竹林の七賢」と括《くく》るのは東晉《とうしん》からである）。嵆康の郷里、山陽《さんよう》県の竹林に集まって酒を酌み交わし、談論に耽《ふけ》った、とされる「竹林の七賢」は、玄学《げんがく》の信奉者であった。

『老子《ろうし》』『荘子《そうし》』『周易《しゅうえき》』の「三玄」を尊重する玄学は、諸子百家の道家《どうか》思想を哲学的に再編したものである。ただし、「三玄」の中に儒教経典の『周易（易経）』が含まれるように、かつて儒家と対決した道家思想そのものではない。創始者の何晏《かあん》が『論語集解《ろんごしっかい》』を著したように、知識人であれば儒教を身体化していることが前提となった時代における道家思想の復権であった。

当時の儒教は、後述する杜預《どよ》や王粛《おうしゅく》のように、君主である司馬氏の悪行を正当化してまで生き残りを図っていた。そうした儒教と、血塗られた革命を儒教によって正統化する司馬氏とに対して行われた、玄学を掲げる知識人の抵抗を見ていこう。

呻吟する魂

阮籍はつとに父阮瑀《げんう》を失い、母の手で育てられた。母を亡くした時、阮籍は喪中にありながら肉を食らい酒をあおった。陳寿は、喪中に服薬しただけで郷品を落とされている。肉や酒を飲食するなど正気の沙汰ではない。司馬氏により汚された儒教に、公然と反旗を翻したかったのである。しかし、いよいよ出棺の折、阮籍は「だめだ」と呟《つぶや》くと血を吐いて倒れた。儒教を身体化していた阮籍は、自らの内なる「孝」に敗れたのである。

父の阮瑀が死去した時、曹丕は「寡婦《かふ》の賦」を作って阮籍とその母を気にかけた。それほど権力との良好な関係を持っていた阮籍の思想と政治的位置に大きな変化をもたらしたものは、三十歳の時に成立した曹爽《そうそう》政権である。曹爽から辟召《へきしょう》（部下としての招集）を受けたのは正始《せいし》八（二四七）年、曹爽が失脚する二年前のことである。前年、蜀漢への西征に失敗した曹爽は、政権維持のため、より専制の度合いを強めていた。阮籍への辟召は、曹爽の権力建て直しの一環である。阮籍は一年足らずで政権との関わりを絶った。しかし、阮籍は曹爽一派の夏侯玄《かこうげん》と親しかった。正始の政変で曹爽が打倒され、やがて司馬師により夏侯玄も誅殺されると、阮籍の身辺は騒がしくなる。夏侯玄と親しかった許允《きょいん》は罪に陥れられた。許允は阮籍の親戚である。切迫した状況の中で、阮籍の韜晦《とうかい》は加速する。

正元《せいげん》二（二五五）年、司馬昭は、阮籍と姻戚関係を結ぼうとした。夏侯玄を誅殺した李豊《りほう》事件の後に、反司馬氏の勢力を結集させないため、司馬昭が打った布石の一つである。嫌悪する司馬昭に重用されそうになった阮籍は、六十日間も酔いつぶれて、司馬昭に話を切り出させなかった。見事な韜晦である。「天下の至慎《ししん》（慎重のきわみ）」、これが司馬昭の阮籍評である。阮籍は鬱屈《うっくつ》した思いを詩に託す。「詠懐詩《えいかいし》」である。

夜中不能寐　起坐弾鳴琴
薄帷鑑明月　清風吹我襟
孤鴻号外野　翔鳥鳴北林
徘徊将何見　憂思独傷心

夜中《やちゅう》寐《い》ぬる能《あた》わず　起坐《きざ》して鳴琴《めいきん》を弾《だん》ず
薄帷《はくい》　明月《めいげつ》を鑑《てら》し　清風《せいふう》　我《わ》が襟《えり》を吹《ふ》く
孤鴻《ここう》　外野《がいや》に号《な》き　翔鳥《しょうちょう》　北林《ほくりん》に鳴《な》く
徘徊《はいかい》して将《は》た何《なに》をか見《み》ん　憂思《ゆうし》　独《ひと》り心《こころ》を傷《いた》ましむ

この詩が詠《よ》まれた時期は明らかではないが、この時期の阮籍の魂の呻吟《うめき》を余すことなく表現している。詩は志《こころざし》を言うものであった。

夏侯玄が殺された翌年、すなわち司馬昭に重用されそうになった正元二（二五五）年、阮籍は母を失った。六十日間酔いつぶれて司馬昭との通婚を避けているうちに、最も大切な母親を失ったのである。悲しみは深く怒りは強い。阮籍はここに至り、公然と儒教に反逆する。母の喪に際して肉を食らい酒をあおる行状は、司馬昭の前でも堂々と行われた。

司馬昭は儒教、就中《なかんずく》「孝《こう》」を規範の中核に据えて国政を運用していた。その孝で求められる外在的な規範を、阮籍は司馬昭の坐で公然と無視した。司馬昭は、阮籍がやつれている、換言すれば、自分なりの孝を尽くしていることを口にして、阮籍の態度を擁護した。これは、阮籍なりの孝、すなわち名士阮籍の自律的価値基準を容認することになる。司馬昭が阮籍の自律性を容認した理由は、権力者司馬昭の度量の大きさを喧伝《けんでん》するためである。さらには、名士層が、偽善的で欺瞞《ぎまん》に満ちた司馬氏の儒教よりも、内に秘めた阮籍の儒教、権力からの自律性を守った阮籍の価値観を真の礼として支持したことに理由を求めることもできよう。司馬昭は、こうした阮籍への名士層の支持に配慮せざるを得なかったのである。

阮籍は、司馬昭が魏晉革命のため晉公《しんこう》となることを勧める文章を書いた。しかし、その中で、子州支伯《ししゅうしはく》と許由《きょゆう》という禅譲を拒否した二人の事例を掲げ、司馬昭の即位を牽制した。君主権力からの自律性により高い名声を持つ名士阮籍を禅譲劇に利用し、その自律性を君主権力へと収斂《しゅうれん》せんとする司馬氏側と、あくまでも権力からの自律性を貫こうとする阮籍との厳しいせめぎあいをここに見ることができよう。詩を詠む表現者としての阮籍は、司馬昭に一歩も退《ひ》かない自律性を発揮することができた。しかし、現実世界には、阮籍の内面的な真実の赴くままに生きるべき「道」はすでになかった。

阮籍は時に思いのままに一人で車を走らせ、道筋によらず、車がこれ以上進めなくなったところで、慟哭《どうこく》して帰った。(『三国志』王粲《おうさん》伝附阮籍伝注引『魏氏春秋』)

阮籍が生きる「道」は、どこも行き止まりであった。阮籍の魂は、現実世界と内面の真実との間で苦しみ、呻吟を続けた。景元《けいげん》四（二六三）年、魂が永遠の安らぎを得た時、阮籍は五十四歳であった。司馬昭の子である司馬炎が西晋を建国する、二年前のことである。

周孔をうとんじる

阮籍の友人で、同じく「竹林の七賢」とされる嵆康《けいこう》も、権力と対峙した思想家・表現者である。嵆康は、沛王曹霖《はいおうそうりん》の娘を娶り、中散大夫《ちゅうさんたいふ》に任命される。曹霖は、金郷公主《きんきょうこうしゅ》とともに、曹操の夫人尹氏《いんし》を母とする。金郷公主は、何晏《かあん》の妻であった。玄学《げんがく》の創始者で、吏部尚書《りぶしょうしょ》として曹爽《そうそう》政権を支えた何晏と、そして何よりも曹室と、嵆康は近しい姻戚なのである。

正始十（二四九）年、司馬懿により曹爽・何晏が誅殺されると、嵆康は河内《かだい》郡山陽《さんよう》県に移り、ここで世に言う「竹林の遊び」を行った。「遊び」と称された儒教に反する隠逸行為は、何晏との姻戚関係を持つ嵆康が、政治から距離を置くための韜晦《とうかい》としての側面を持つ。それも、甘露《かんろ》四（二五九）年には終わり、嵆康の身辺は騒がしくなる。司馬昭による皇帝曹髦《そうぼう》殺害の翌景元三（二六二）年、嵆康は出仕を勧める親友の山濤《さんとう》に「絶交書《ぜっこうしょ》」を執筆する。

その中で嵆康は、「湯・武を非《そし》りて、周・孔を薄《うと》んず」る者と自らを位置づける。臣下として簒奪を行うという意味においては、殷の湯王も周の武王も、武王を助けた周公旦《しゅうこうたん》も、それを正統化する孔子も、すべて批判の対象となる、というのである。ましてかれらに劣る司馬氏が革命をしてよいはずはない。山濤に自己の内面を書き送った嵆康の「絶交書」は、儒教を利用したすべての革命を否定している。魏晋革命を儒教により正統化しようとする司馬昭には、許すことができない言辞であった。

景元四（二六三）年、嵆康はついに司隷校尉《しれいこうい》の鍾会《しょうかい》に陥《おとしい》れられる。鍾会は、司馬昭に、「嵆康は臥龍《がりょう》です。起《た》たせてはなりません。嵆康は（曹室を守るため、司馬氏に武力で抵抗した）毌丘倹《かんきゅうけん》を助けようとし、山濤に止められていました。嵆康は勝手な議論で、儒教経典《けいてん》を批判しております。帝王はこれを許すべきではありません」と讒言《ざんげん》した。阮籍を許した司馬昭であったが、革命を批判する嵆康を許すことはなく、嵆康は刑死する。

鍾会が嵆康を準《なぞら》えた「臥龍」とは、諸葛亮のことである。鍾会は、嵆康の何に臥龍と表現するほどの脅威を感じたのであろうか。曹操の「文学」は、現実世界における権力の正統性の主張であった。これに対して、嵆康の文学は、曹操のように直接的に志を表現することはない。その内容が、儒教や国家の正統性を脅かすものだからである。それでも、嵆康は志を言うことを止めなかった。阮籍・嵆康が「言志派《げんしは》」と称される理由である。嵆康は「家誡《かかい》」の中で、「人は志がなければ人ではなく、言語により表現することが志を示すための唯一の方法である」と、子の嵆紹《けいしょう》に伝えている。司馬氏の圧迫の中、政治的に自己を表現できない嵆康は、志の行く場所を、自己が自己である場所を、文学に求めたのである。

嵆康は、文学により自己の志を君主権力から自由な「場」に確保した。体制秩序を正統化している儒教を批判し、君主権力に対する自律性を確保しようとしたのである。こうした権力に対する自律性を鍾会は、そして司馬昭は恐れた。そのため嵆康は、曹魏最大の脅威であった「臥龍」諸葛亮に準えて殺害されたのである。

4　天下一に帰す

蜀漢の滅亡

嵆康を死に追い込んだ鍾会は、やがて司馬昭の命を受け、鄧艾《とうがい》とともに蜀漢を征討する。これに対して、蜀漢は、廖化《りょうか》を沓中《くっちゅう》に駐屯する姜維《きょうい》の支援に、張翼《ちょうよく》と董厥《とうけつ》を陽平関《ようへいかん》の守備に派遣し、漢中の兵を漢城《かんじょう》と楽城《らくじょう》に集め、それぞれ兵五千で守らせた。鍾会は長安で軍を二手に分け、荀愷《じゅんがい》と李輔《りほ》に漢城・楽城を攻撃させる一方で、自らは陽平関に向かう。鄧艾が姜維を攻撃すると、姜維は撤退し、追撃する鄧艾軍に破られながらも、陰平《いんぺい》郡を経て、白水《はくすい》で張翼と董厥に合流、蜀への入り口である剣門閣《けんもんかく》（剣閣）を守った。

漢中を制圧した鍾会は、剣閣の攻撃に全力を注ぐ。それでも、姜維が守る剣閣を落とすことはできず、兵糧も尽きかけ、撤退を検討していた。そのころ、鄧艾は、剣閣を通らず、険峻な山谷を突破して陰平郡より無人の地を行軍していた。山には穴を開けて道を通し、川には橋をかけ、谷では毛布にくるまって転げ落ち、緜竹《めんちく》まで到着した。

いきなり現れた鄧艾軍に対して、劉禅《りゅうぜん》は、諸葛亮の子瞻《せん》を派遣して、緜竹を死守させる。諸葛瞻は、子の尚《しょう》とともに父祖の名に恥じない戦いをしたのち陣没する。鄧艾が軍を進めて雒《らく》県に到着すると、劉禅は譙周《しょうしゅう》の勧めに従い降服した。そのとき姜維は、なお剣閣を死守しており、蜀漢の兵士は石に斬りつけて降服を悔しがったという。こうして炎興元（二六三）年、蜀漢は滅亡し、三国はその一角を欠く。しかし、孫呉が滅亡して天下が統一される以前に、司馬炎によって曹魏が滅ぼされる。

杜預の左伝癖

司馬氏が曹氏を滅ぼす上で、司馬昭が皇帝の曹髦《そうぼう》を殺害したことは、前代未聞の悪事であり、これを正当化する必要があった。ここに「書弑例《しょしいれい》」という義例を用意して、皇帝殺害を正当化した者が杜預《どよ》である。杜預は諸葛亮も学んだ荊州学で最も尊重された『春秋左氏伝』を、「左伝癖《へき》」があると自ら称するほどに好んでいた。杜預は『春秋左氏経伝集解《けいでんしっかい》』という解釈書を著し、左伝の義例説《ぎれいせつ》を確立する。

義例とは、『春秋』に込められた行動規範のことである。杜預は、『春秋左氏伝』を三つの部分に分けた。第一は、周公《しゅうこう》が義例を示した「旧例《きゅうれい》」の部分、第二は、孔子が新しく義例を考えた「変例《へんれい》」の部分、そして圧倒的に多い第三は、義例が含まれない魯の史官の歴史記録（「非例」）としたのである。杜預は、三つに分けた中で「旧例」とした部分、すなわち「凡《およ》そ」から始まる五十の「凡例《はんれい》」を周公が定めた義例として、必ず従うべきものとした。そこに書かれていた義例が君主の殺害を正当化するためである。

『春秋左氏伝』には、君主が弑殺《しいさつ》（君主の殺害を弑殺という）される記録が多く現れる。そのうち、君主の名が記される七例に対して、「君主であっても無道であれば、弑殺される」という注を杜預は繰り返しつけている。その根拠は、周公の「凡例」に求められた。『春秋左氏伝』宣公《せんこう》伝四年に、「凡そ君主の弑殺の時、君主の名を（『春秋』の本文が）書いている場合は、君主が無道なのである。臣下の名を書いている場合は、臣下の罪である」と記されているのである。杜預は、この「凡例」を論拠に、君主が無道な場合には弑殺してもよいことを周公が承認している、と主張した。それにより、司馬昭による「無道」な皇帝曹髦の弑殺を正当化したのである。すなわち、杜預は、周公により司馬昭の皇帝殺害を「君無道」のための弑殺として正当化することを通じて、司馬昭の、ひいては西晉の正統性を『春秋左氏経伝集解』において高らかに宣言したのである。

司馬昭が薨去《こうきょ》すると、その子司馬炎は、咸熙《かんき》二（二六五）年、曹魏最後の皇帝曹奐《そうかん》より禅譲を受けて西晉を建国する。その正統化に杜預は大きく貢献したと言えよう。「竹林の七賢」のように玄学に思想的根拠を求め、文学を志の表現手段として抵抗する知識人が輝きを放つ一方で、杜預のように権力の正統化に学問を用いる者もある。後者は、「曲学阿世《きよくがくあせい》」と批判されるが、権力者には重く用いられる。杜預は、孫呉討伐の中心にまで登り詰める。

孫呉の滅亡

杜預に先立ち、孫呉征伐の準備を整えた者は羊祜《ようこ》である。羊祜の遺託を受けた杜預は、鎮《ちん》南大将軍《なんだいしようぐん》・都督《とと》荊州諸軍事《くけいしゆうしよぐんじ》として襄陽《じようよう》に出鎮、討伐の準備を継承した。杜預は、咸寧五（二七九）年に上奏して、討呉の裁可を仰いだ。しかし、賈充《かじゆう》がこれに反対する。杜預は、一ヵ月後、再度上奏した。たまたま武帝（司馬炎）と棊《ご》を囲んでいた張華《ちようか》は、強く討呉を勧め、武帝はそれを決断した。それでも、賈充は反対を続ける。武帝の子司馬衷《しばちゆう》（後の恵帝《けいてい》）に娘を嫁がせている賈充は、武帝の賢弟司馬攸《しばゆう》の後継を目指す杜預が、功績を挙げることを望まなかった。皇太子司馬衷の暗愚を理由に、衷と攸との後継者争いが起こりつつあったのである。これに対して武帝は、逆に賈充を使持節《しじせつ》・仮黄鉞《かこうえつ》・大都督《だいととく》（討呉の総司令）に任命し、「君が行かなければ、わたしが自ら行く」と、強い意志を示して、討呉を指揮させた。

暗愚な皇太子司馬衷ではなく、司馬攸の帝位継承を望んだ羊祜と杜預は、司馬攸に司馬昭に匹敵する功績を挙げさせたかった。司馬昭が弟でありながら兄の地位を継承し、それを安泰なものにできたのは、蜀漢を滅ぼすという大功を挙げたからである。孫呉を滅ぼし、天下を統一することは、それ以上の輝かしい功績となる。司馬攸が総司令となり討呉を成し遂げれば、帝位継承は近づく。それが羊祜―杜預の宿願であった。

武帝のもとで権力を握る賈充を出し抜こうとする、杜預の意図を理解するからこそ、賈充は討呉に反対した。意に反して総司令となり、武昌《ぶしょう》を制圧して孫呉を追い詰めても、孫呉を滅ぼすことは不可能なので撤兵し、張華の責任を糺《ただ》して斬るべきである、との上奏までして、賈充が討呉に反対を続けた理由はここにある。

すでに三国鼎立《ていりつ》が崩れており、国力の差は明白であった。天下三分を主張した魯粛や諸葛亮の正しさが分かろう。孫呉が長命を保ち得たのは、西晉内部でこうした抗争が続いていたからに過ぎない。天紀《てんき》四（二八〇）年、孫晧《そんこう》は降服し、天下は統一された。

しかし、論功行賞で杜預は恵まれなかった。孫呉を破ったものの、賈充には敗れたのである。晩年の杜預は、権力者に賄賂を贈り、自ら名声を汚して野心のないことを示し続ける。左伝に含まれる弟の王位継承の正統性を主張することもなかった。子孫である唐の杜甫《とほ》が誇るほど、杜預は充実した人生を歩み続けたわけではないのである。

羊の赴くまま

『演義』は、西晋の武帝による天下統一で、「三国志」の幕を閉じる。しかし、毛宗崗本の冒頭に「天下の大勢は、分かれること久しければ必ず合し、合すること久しければ必ず分かれる」と示される歴史観のように、西晋の統一は、永康元《えいこう》(三〇〇)年から本格化する八王《はちおう》の乱により急速に解体していく。その原因の一つに、天下統一を達成した後の武帝の荒淫《こういん》を挙げることも多い。日本の水商売の盛り塩の起源ともされる次の逸話は有名である。

後宮の女性は、一万人に達するほどで、武帝はこれらの女性に同時に寵愛を注いだ。そのため相手を自分で決めることすらできず、車を牽《ひ》く羊の赴《おもむ》くがまま、羊が止まった場所で一夜を過ごしたという。宮女は(羊の好む)竹の葉を戸に挿《さ》し、塩水を地面に撒《ま》いて皇帝の車を導こうとした。(『晉書』胡貴嬪《こきひん》伝)

『晉書』は、建国者であり、また亡国の原因を作った君主でもある武帝を天下統一を境に描き分ける。統一後の武帝は、達成感により怠惰となり、女性に溺《おぼ》れて政治を乱していく。実に分かりやすい。が、正史を超えて史実に迫ると、武帝の好色の原因が見えてくる。

曹操の「文学」、曹爽の玄学の宣揚による儒教の相対化に反発する名士の支持を束ねて政権を掌握した司馬氏は「儒教国家」の再建を目指した。したがって、武帝司馬炎は、「至孝《しこう》」の皇帝であった。古来、中国では親が亡くなると三年の喪《も》に服するが、皇帝が三年間も喪に服すると政務が滞るため、前漢《ぜんかん》の文帝《ぶんてい》の時から、一日を一ヵ月分と換算して、三十六日間だけ喪に服することにしてきた。ところが、武帝は、これを三年間行おうとしたのである。まだ天下を統一していない多忙の時期であったため、臣下の諫止《かんし》により通常の政務は行ったが、父の喪に三年間、遡《さかのぼ》って母の喪に三年間のあわせて六年もの間、心の中で喪に服し（心喪と呼ぶ）、女性に接することもなかった。

西晉「儒教国家」の限界

自らを儒教で律するだけではない。「諸生《しょせい》の家」（学者の家系）の出身と称する武帝は、儒教を根本に据《す》えて国家を統治しようとした。中国における国家の支配意思は、律令《りつりょう》と呼ばれる法律により表現される。武帝が泰始《たいし》四（二六八）年に公布した泰始律令は、律法典と令法典とが、ともに体系的な法典として扱われるようになったという点において、中国の法制史上、画期的な意義を持つ。それとともに、儒教の経義を律令の根本に置く点において、西晉「儒教国家」を象徴する法であった。

さらに、西晉では、国家支配のための多くの政策も、経義に典拠を持っていた。儒教に基づく国家支配の三本柱は、封建《ほうけん》（諸王や貴族を国家支配の支柱とするため地方の支配者とすること）・井田《せいでん》（土地の所有を等しくすること）・学校《がっこう》（教育制度を確立すること）にある。諸王の封建は『春秋左氏伝《しゅんじゅうさしでん》』僖公《きこう》伝十一年を、すでに述べた貴族への五等爵《ごとうしゃく》の封建は『礼記《らいき》』王制《おうせい》篇を、井田を目指す土地制度である占田《せんでん》・課田《かでん》制も『礼記』王制篇を、貴族の子弟を教育するための国子学《こくしがく》の設置は『礼記』学記《がくき》篇を、それぞれ政策の典拠としている。多くの政策に明確な経典の典拠を持つことは、後漢「儒教国家」と比べた場合の西晉「儒教国家」の特徴である。もちろん、儒教の浸透とそれへの依拠が進展した結果と考えてよい。

　しかし、経典を典拠に政策を施行することは、必ずしも国家支配がすべてうまくいくことを保証しない。孔子の理想と現実社会とは異なるためである。たとえば、皇太子を廃嫡《はいちゃく》することは、皇太子の司馬衷《しばちゅう》がいくら支配者としての資質に欠けていても、儒教では許されない。また、儒教そのものに含まれる差別性は、貴族制を背景に性三品説《せいさんぴんせつ》（人は、善だけの上品と、悪だけの下品と、善悪両方を含む中品に区別されるという説）を、生まれながらにして人は平等ではないとする思想に展開させた。貴族とその他の人間は、生まれが異なるというのである。また、異民族との雑居が進んだことにより、儒教が持つ華夷思想《かいしそう》（中華と夷狄《いてき》〔異民族〕は、人間として異なり、中華が夷狄の君主となるべきという思想）を先鋭化させ、夷狄をすべて中国から追い出すべしとする江統《こうとう》の「徙戎論《しじゅうろん》」を生み出した。こうした儒教の人間観に基づく身分制や差別性が、西晋を衰退させた諸王の内乱である八王《はちおう》の乱や、匈奴《きょうど》が西晋を滅ぼす永嘉《えいか》の乱の原因となっていく。同時に、こののち「仏の前での平等」を説く仏教が普及する要因の一つにもなる。

武帝は、そうした儒教の限界には無頓着《むとんちゃく》であった。曹魏によって滅ぼされた後漢「儒教国家」を復興すべく、儒教に基づく政策を推進していく。それらの中で、貴族より最も問題視されていたのが、皇太子司馬衷の暗愚である。優秀な帝弟司馬攸《ていていしばゆう》がいたために、なおさら攸を後継者とすべきである、という主張は、杜預以外にも根強く存在した。

それでも武帝は、儒教が定めた嫡長子相続を守るため、そして後継者問題に貴族を介入させないことにより、皇帝権力の絶対性を守るために、司馬衷の後継を変えることはなかった。ただし、その資質には、やはり不安を抱いていたようで、多くの弟たちを王に封建して、自分の死後に備えさせる。「至孝」の武帝は、六年間心喪に服していたため、その間は子がいない。羊の逸話として残る後宮での荒淫は、それを急速に埋めようとするものであった。そうして生まれた子たちを王に封建して、恵帝《けいてい》司馬衷を守らせようとしたのである。

しかし、その願いは叶《かな》わなかった。永康元（三〇〇）年、趙王《ちょうおう》の司馬倫《しばりん》と斉王《せいおう》の司馬冏《しばけい》が、賈充の子である賈謐《かひつ》と賈皇后を打倒して外戚を一掃すると、本格的に八王の乱が開始される。

弟たちは恵帝を守らなかったのである。こののち、匈奴が西晋に対して永嘉の乱を起こしても、諸王の争いは止《や》まず、西晋は建興《けんこう》四（三一六）年に滅亡し、華北には五胡十六国《ごこじゅうろくこく》、江南には東晋《とうしん》が分立する。その分裂は、開皇《かいこう》九（五八九）年、隋《ずい》（五八一～六一八年）の文帝楊堅《ぶんていようけん》が南北朝を統一するまで続いていくのである。

滅びの美学と「漢」の規制力

三国はいずれも勝者ではない。曹魏も蜀漢も孫呉も天下を統一することはなかった。統一した西晋もまた、匈奴に敗れた。「三国志」を「滅びの美学」に描く『演義』は、「分かれること久しければ必ず合し、合すること久しければ必ず分かれる」との循環論的な歴史観を冒頭に掲げ、その悲劇を美学に昇華している。その滅びの美学を日本人は愛した。判官贔屓《ほうがんびいき》のお国柄がよく現れていると言えよう。

中国史全体の中に三国時代を位置づけてみると、「漢」の規制力の強さと曹魏の果断さに改めて気がつく。蜀漢が「漢」の正統を継承する国家であっただけではない。かつて孫呉も、その正統性に「漢室匡輔《かんしつきょうほ》」を掲げていた。また、名士の基盤である文化的価値の中核にも、「漢」を正統とする儒教が置かれていた。

その漢を乗り越えた曹魏は、果断であった。決断力に長《た》ける曹操ですら、漢の正統性の前ではたじろぎ、自らは革命を行い得なかった。しかし、曹操は、息子の曹丕が魏を建国し得る正統性と国力を着実に準備していった。なかでも、漢と密接に結びついた儒教の価値を相対化するため、「文学」という新たな文化的価値を宣揚した先見性は、高く評価されよう。また、隋唐統一帝国の基本となった均田制《きんでんせい》・租庸調制《そようちょうせい》という土地・税制度も、曹操のそれを継承したものである。分裂に向かう中国を押し止めたもの、それが曹操なのである。

しかし、中国が自己の典範とすべき伝統として歴史を振り返ったとき、その中心に置かれるものは、「漢」であった。こののちも儒教が、中国の正統思想に君臨を続けたためである。したがって、中国の古典古代である「漢」を守ろうとした劉備や諸葛亮は、高く評価され続けた。それでも、「漢」は滅び、「漢」を古典と鑑《かんが》みる新たな国家により中国は統一される。『演義』の循環論的な歴史観は、「漢」による中国統一の願いを今日に伝えるのである。

あとがき

高校二年の夏、吉川英治の『三国志』に魅せられたわたしは、そのまま大学で三国時代の歴史を研究した。一通り自分の考え方を示し得た段階で、好きだった『演義』の勉強もぼつぼつ始め、『演義』のことをまとめた本も出版した。その際、『演義』と陳寿の『三国志』（以下、正史）を比べることは、頭では行ったものの、それを十分に表現することはなかった。

本書は、『演義』から正史へと遡ることによって、描かれる人物像の差異に込められた思いやかれらの生きた時代背景を明らかにしようとしたものである。曹操・関羽・諸葛亮という毛宗崗本の「三絶」を中心としたのは、毛宗崗本が、かれら三人に力を入れてその像を作り込んでいるためである。もちろん、毛宗崗本の理解に止まらず、三国時代そのものに最も影響力のあった曹操、古来より日本人が愛し続けてきた諸葛亮、中国で広く信仰を集める関羽の実像の解明が、「三国志」の理解を深めるために重要であることは言うまでもない。そうした中で、『演義』では道化役に止まる孫呉の悲劇にも留意すると、「三国志」への興味は一段と高まることであろう。

中公新書には、宮崎市定の『科挙』、三田村泰助の『宦官』など中国学の名著がきら星の如く並ぶ。高校一年の夏、この二冊の本を分からないながらも最後まで読み終えた時、ずいぶんと大人になった気がした。それとともに、中国学の面白さに惹かれ、吉川英治の『三国志』へのめり込むきっかけとなった。本書が、これらの名著と同様な役割を果たせるかと言えば、はなはだ心もとない。それでも、『演義』と正史、そして史実への橋渡し役を少しでも果たすことができれば幸いである。

まとまった時間が取れず、五月雨のように書き送った不統一な原稿に目を通し、怠惰な著者を励まし、文章の平仄《ひょうそく》を合わせ、校正に意を注いでくれた中公新書編集部の田中正敏氏に感謝を捧げたい。

二〇一〇年十一月六日　京都へ向かう新幹線の中で

渡邉義浩

さらに深く知りたい人のために

訳書

立間祥介『三国志演義』上下、平凡社、一九五八～五九年、改訂新版は徳間文庫（全四冊）、二〇〇六年

『三国志演義』の全訳。文庫本になって入手しやすくなった。

今鷹真・井波律子・小南一郎『正史　三国志』筑摩書房、一九八二～八九年、ちくま学芸文庫（全八冊）、一九九二～九三年

『三国志』の全訳。裴注まで訳されている。

一般書

金文京『三国志演義の世界』東方書店、一九九三年、増補版は二〇一〇年

『三国志演義』の基本的知識を丁寧に説明した良書。韓国・中国での受容が増補された。

渡邉義浩・仙石知子『「三国志」の女性たち』山川出版社、二〇一〇年

『演義』の女性像に焦点を当て、毛宗崗本の文学性を明らかにしたもの。

渡邉義浩『儒教と中国―「二千年の正統思想」の起源』講談社選書メチエ、二〇一〇年

三国時代における儒教のあり方を後漢・西晋を含めて論じたもの。
石井仁『曹操　魏の武帝』新人物往来社、二〇〇〇年、新人物文庫、二〇一〇年
史実の曹操を独創的に描き出す名著。文庫本の表題は、『魏の武帝　曹操』。
狩野直禎『諸葛孔明』人物往来社、一九六六年、PHP文庫、二〇〇三年
三国志学会の狩野会長が半世紀前に著された書物。今も輝きを失わない。
小出文彦（監修）『三国志人物事典』新紀元社、一九九九年
若くして亡くなった森本淳君が編集に協力し、『後漢書』『晉書』の部分を訳した事典。

研究書

中川諭『『三国志演義』版本の研究』汲古書院、一九九八年
加賀栄治『中国古典解釈史　魏晉篇』勁草書房、一九六四年
堀池信夫『漢魏思想史研究』明治書院、一九八八年
鈴木修次『漢魏詩の研究』大修館書店、一九六七年
大上正美『阮籍・嵆康の文学』創文社、二〇〇〇年
渡邉義浩『三国政権の構造と「名士」』汲古書院、二〇〇四年
渡邉義浩『三国志研究入門』日外アソシエーツ、二〇〇七年
研究書の内容、そのほか掲げきれなかった論文については、この本を参照されたい。

渡邉義浩（わたなべ・よしひろ）

1962（昭和37）年，東京都生まれ．筑波大学大学院博士課程歴史・人類学研究科修了．文学博士．大東文化大学文学部教授を経て，現在，早稲田大学理事・文学学術院教授．大隈記念早稲田佐賀学園理事長．専門は「古典中国」．三国志学会事務局長．

著書『後漢国家の支配と儒教』（雄山閣出版，1995年）
『三国政権の構造と「名士」』（汲古書院，2004年）
『儒教と中国―「二千年の正統思想」の起源』（講談社選書メチエ，2010年）
『魏志倭人伝の謎を解く―三国志から見る邪馬台国』（中公新書，2012年）
『王莽―改革者の孤独』（大修館書店，2012年）
『三国志よりみた邪馬台国』（汲古書院，2016年）
『漢帝国―400年の興亡』（中公新書，2019年）
『全譯後漢書』（主編，汲古書院，2001年～16年）
など多数．

三国志《さんごくし》
中公新書 2099

2011年3月25日初版
2019年8月30日6版

著　者　渡邉義浩
発行者　松田陽三

本文印刷　三晃印刷
カバー印刷　大熊整美堂
製　　本　小泉製本

発行所　中央公論新社
〒100-8152
東京都千代田区大手町1-7-1
電話　販売 03-5299-1730
　　　編集 03-5299-1830
URL http://www.chuko.co.jp/

Published by CHUOKORON-SHINSHA, INC.
Printed in Japan　ISBN978-4-12-102099-4 C1222

中公新書刊行のことば

一九六二年一一月

いまからちょうど五世紀まえ、グーテンベルクが近代印刷術を発明したとき、書物の大量生産は潜在的可能性を獲得し、いまからちょうど一世紀まえ、世界のおもな文明国で義務教育制度が採用されたとき、書物の大量需要の潜在性が形成された。この二つの潜在性がはげしく現実化したのが現代である。

いまや、書物によって視野を拡大し、変りゆく世界に豊かに対応しようとする強い要求を私たちは抑えることができない。この要求にこたえる義務を、今日の書物は背負っている。だが、その義務は、たんに専門的知識の通俗化をはかることによって果たされるものでもなく、通俗的好奇心にうったえて、いたずらに発行部数の巨大さを誇ることによって果たされるものでもない。現代を真摯に生きようとする読者に、真に知るに価いする知識だけを選びだして提供すること、これが中公新書の最大の目標である。

私たちは、知識として錯覚しているものによってしばしば動かされ、裏切られる。私たちは、作為によってあたえられた知識のうえに生きることがあまりに多く、ゆるぎない事実を通して思索することがあまりにすくない。中公新書が、その一貫した特色として自らに課すものは、この事実のみの持つ無条件の説得力を発揮させることである。現代にあらたな意味を投げかけるべく待機している過去の歴史的事実もまた、中公新書によって数多く発掘されるであろう。

中公新書は、現代を自らの眼で見つめようとする、逞しい知的な読者の活力となることを欲している。

哲学・思想

1 日本の名著(改版) 桑原武夫編
2187 物語 哲学の歴史 伊藤邦武
2378 保守主義とは何か 宇野重規
2522 リバタリアニズム 渡辺 靖
2288 フランクフルト学派 細見和之
2300 フランス現代思想史 岡本裕一朗
2036 日本哲学小史 熊野純彦編著
832 外国人による日本論の名著 佐伯彰一・芳賀 徹編
1696 日本文化論の系譜 大久保喬樹
312 徳川思想小史 源 了圓
2097 江戸の思想史 田尻祐一郎
2276 本居宣長 田中康二
2458 折口信夫 植村和秀
2535 事大主義―日本・朝鮮・沖縄の「自虐と侮蔑」 室井康成
1989 諸子百家 湯浅邦弘
36 荘子 福永光司
1695 韓非子 冨谷 至
1120 中国思想を考える 金谷 治
2042 菜根譚 湯浅邦弘
2220 言語学の教室 西村義樹・野矢茂樹
1862 入門! 論理学 野矢茂樹
448 詭弁論理学(改版) 野崎昭弘
593 逆説論理学 野崎昭弘
1939 ニーチェ―ツァラトゥストラの謎 村井則夫
2257 ハンナ・アーレント 矢野久美子
2339 ロラン・バルト 石川美子
674 時間と自己 木村 敏
1829 空間の謎・時間の謎 内井惣七
814 科学的方法とは何か 浅田彰・黒田末寿・佐和隆光・長野敬・山口昌哉
1333 生命知としての場の論理 清水 博
2176 動物に魂はあるのか 金森 修
2495 幸福とは何か 長谷川 宏
2505 正義とは何か 神島裕子
2203 集合知とは何か 西垣 通

中公新書

宗教・倫理

b1

2293 教養としての宗教入門 中村圭志
2459 聖書、コーラン、仏典 中村圭志
2158 神道とは何か 伊藤聡
1130 仏教とは何か 山折哲雄
2135 仏教、本当の教え 植木雅俊
2416 浄土真宗とは何か 小山聡子
2365 禅の教室 藤田一照 伊藤比呂美
134 地獄の思想 梅原猛
1661 こころの作法 山折哲雄
989 儒教とは何か（増補版） 加地伸行
1707 ヒンドゥー教―インドの聖と俗 森本達雄
2261 旧約聖書の謎 長谷川修一
2076 アメリカと宗教 堀内一史
2360 キリスト教と戦争 石川明人
2453 イスラームの歴史 K・アームストロング 小林朋則訳
2306 聖地巡礼 岡本亮輔
48 山伏 和歌森太郎
2310 山岳信仰 鈴木正崇
2334 弔いの文化史 川村邦光
2499 仏像と日本人 碧海寿広